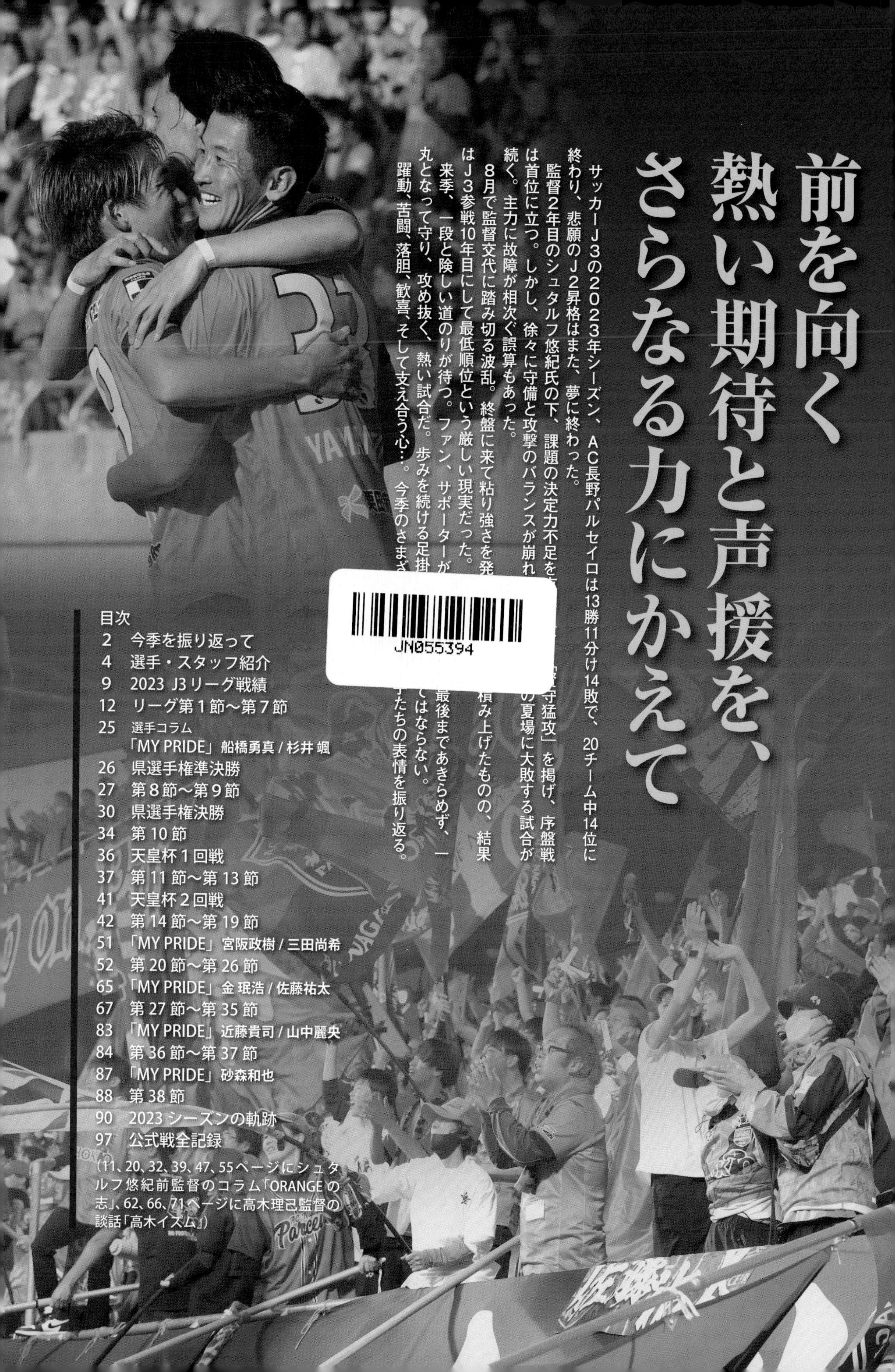

前を向く熱い期待と声援を、さらなる力にかえて

サッカーJ3の2023年シーズン、AC長野パルセイロは13勝11分け14敗で、20チーム中14位に終わり、悲願のJ2昇格はまた、夢に終わった。

監督2年目のシュタルフ悠紀氏の下、課題の決定力不足を[illegible]守猛攻」を掲げ、序盤戦は首位に立つ。しかし、徐々に守備と攻撃のバランスが崩れ[illegible]の夏場に大敗する試合が続く。主力に故障が相次ぐ誤算もあった。

8月で監督交代に踏み切る波乱。終盤に来て粘り強さを発[illegible]積み上げたものの、結果はJ3参戦10年目にして最低順位という厳しい現実だった。

来季、一段と険しい道のりが待つ。ファン、サポーターが[illegible]最後まであきらめず、一丸となって守り、攻め抜く、熱い試合だ。歩みを続ける足掛[illegible]てはならない。

躍動、苦闘、落胆、歓喜、そして支え合う心…。今季のさまざ[illegible]手たちの表情を振り返る。

目次

一段と厳しい競争へ、どう立ち向かう

結束乱れた「ワンチーム」堅守崩れ、失った自信

ＡＣ長野パルセイロは記録ずくめのシーズンだった。信州ダービーで15年ぶりに松本山雅から勝利を挙げ、Ｊ３の首位を初めて２度経験。クラブワーストの９戦連続未勝利があり、過去最低の14位―。参戦10年目で悲願のＪ２昇格を狙ったが、その裏側では結束に亀裂が走り、「ワンチーム」になりきれなかった。

序盤戦は快調だった。得点力を欠いた昨季の反省から、２年目のシュタルフ前監督は「守備で走る量を減らして攻撃で畳みかける余力を残す」と、５バックではね返し、堅守速攻やセットプレーで仕留める形を磨いた。第10節で松本山雅を圧倒して２度目の首位に立った。

ただ、土台となるはずの堅守はあっけなく崩れた。第11節の沼津戦は自陣に引きこもったあげくに敗れ、第12節のＦＣ大阪戦も力なく落とす。

ある主力選手は「首位に立つ実力があったので、戦い方自体は間違っていなかったと思う。ただ、勝てなくなって自信を失い、重圧を感じてプレーの質が落ちた選手もいた。試合に出られない選手たちもフラストレーションをためて一体感が欠けていた」と明かす。

生命線でもあったプレー強度が落ちた結果、沼津戦から９試合連続未勝利（３分け６敗）と急失速。クラブは第24節を終えて監督交代に踏み切ったものの、最終的に総失点はリーグで２番目に多い60を数えた。好調を支えた進や山本、佐藤ら主力の故障離脱も大きな痛手だったが、主将の秋山は「首位に立った後、そこから『さらにレベルを上げよう』という意識をチームとして持てなかった」と話し、責任を背負い込んだ。

一枚岩になれるか

監督とフロントの間でも選手補強の方違いもあった。象徴的だったのが、午前

悪夢…

「堅守」が崩れ、夏場は大量失点も目立った。第23節の対岐阜戦、後半38分に５点目を奪われ、肩を落とすAC長野イレブン

鬱憤晴らす３発

今季から10番を背負った山中（右）。昨季に比べ先発の機会を減らしながら持ち前の献身的な走りを見せ、第28節の対富山戦でハットトリックを決めて気を吐いた（９月23日）

悔しさと感謝と

最終節の試合後、セレモニーであいさつする秋山主将。無念さをにじませつつ、熱い応援への感謝を込めた

果を求めていく」と、午後は連係を磨いたり、セットプレー対策に集中的に取り組んだり、全体の課題解消やレベルアップを図る内容が多かった。

一方で「若返り」や「長野らしさ」というキーワードで競争による活性化を強調していた村山強化ダイレクターは「2部練習は主力には負荷（疲労）が高かった。若手や主力を狙う選手の底上げに特化した内容でも良かった」と語る。問題は両者の方針の是非ではなく、クラブとして

Jリーグが公表した昨季の人件費で、AC長野はJ3の11位。J2から大宮と金沢が降格する来季は、資金力でもさらに厳しい競争が待ち受ける。高木監督は最終戦後のセレモニーで高らかに語った。「一致団結して競争率の高い壁を登りきれれば、パルセイロに関わる全員が思い浮かべる夢をつかめると信じています」。その言葉を体現できなければ、来季も同じ轍を踏むことになる。

（信濃毎日新聞社運動部記者　倉嶌拓未）

高木監督が来季も指揮

AC長野パルセイロは12月3日、高木理己監督（45）と契約を更新し、引き続き来季も指揮を執ることが決まったと発表した。高木監督は成績低迷を受けて8月下旬に就任。チームを立て直した点などを評価した。

今季のAC長野は2年目のシュタルフ悠紀監督（39）の下でスタートし、第10節の松本山雅との信州ダービーに勝って一時首位に立った。しかし、第11節から9戦連続未勝利（3分け6敗）と失速して第24節終了後にシュタルフ氏を解任。今季途中までJ3今治を率いた高木監督が就任した。

チームは13勝11分け14敗で過去最低の14位だったが、高木監督が指揮した第25節以降の14試合は5勝6分け3敗だった。

高木監督はクラブを通して「来季、待ち構えているのは一瞬の隙や甘えがあだとなるJ3史上最も厳しい1年。われわれにはそれを乗り越えていける力があると信じています」とコメントした。

サポーターと

最終節の試合後、サポーターと記念写真に納まるAC長野の選手・スタッフ

声援に応えて

最終節を終え、サポーターの前に整列し、応援のコールを受けるAC長野の選手たち

奮闘！ベテラン

昨季まで所属した愛媛を相手に、ドリブルで前進する近藤。脚の故障に苦しんだが、猛烈なプレスで持ち味を発揮し、終盤は3試合連続ゴールも決めた（9月2日）

AC長野パルセイロ トップチーム

Profile

生年月日　身長/体重　血液型　出身地　前所属チーム

濵田太郎
Taro HAMADA

GK 30

2000年2月21日　189cm ／ 87kg
O型　和歌山県　大分トリニータ

金　珉浩
KIM Minho

GK 21

2000年1月26日　192cm ／ 86kg
B型　大韓民国　サガン鳥栖

矢田貝壮貴
Soki YATAGAI

GK 1

1998年6月11日　184cm ／ 85kg
O型　大阪府　大阪体育大

船橋勇真
Yuma FUNABASHI

DF 4

1997年11月13日　178cm ／ 80kg
A型　東京都　Y.S.C.C.横浜

秋山拓也
Takuya AKIYAMA

DF 3

1994年8月26日　185cm ／ 84kg
A型　愛知県　徳島ヴォルティス

リュウ ヌグラハ
RYU NUGRAHA

GK 31

2000年4月6日　183cm ／ 80kg　O型
長野県(上田市)　福井ユナイテッドFC

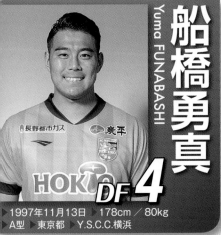

杉井 颯
Hayate SUGII
DF 19
2000年5月17日 177cm / 72kg
A型 千葉県 柏レイソル

大野佑哉
Yuya ONO
DF 7
1996年8月17日 179cm / 70kg
A型 東京都 松本山雅FC

池ケ谷颯斗
Hayato IKEGAYA
DF 5
1992年3月30日 183cm / 78kg
O型 北海道 Y.S.C.C.横浜

佐古真礼
Maaya SAKO
DF 35
2002年12月2日 193cm / 88kg
A型 東京都 東京ヴェルディ

鈴木悠太
Yuta SUZUKI
DF 27
2004年10月25日 179cm / 71kg A型
長野県(長野市) AC長野パルセイロU-18

西田勇祐
Yusuke NISHIDA
DF 24
2003年8月6日 180cm / 74kg
O型 神奈川県 横浜F・マリノス

近藤貴司
Takashi KONDO
MF 8
1992年4月26日 167cm / 62kg
A型 東京都 愛媛FC

西村恭史
Yasufumi NISHIMURA
MF 6
1999年11月4日 185cm / 78kg
B型 大阪府 清水エスパルス

砂森和也
Kazuya SUNAMORI
DF 48
1990年9月2日 171cm / 70kg
A型 千葉県 鹿児島ユナイテッドFC

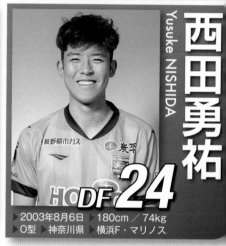

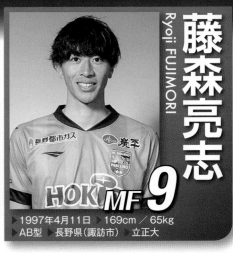

藤森亮志
Ryoji FUJIMORI

MF 9

1997年4月11日 169cm／65kg
AB型 長野県（諏訪市） 立正大

山中麗央
Reo YAMANAKA

MF 10

1999年7月10日 168cm／60kg
B型 長野県（千曲市） 拓殖大

小西陽向
Hinata KONISHI

MF 13

2001年12月21日 160cm／53kg A型
長野県（長野市） AC長野パルセイロU-18

三田尚希
Naoki SANDA

MF 14

1992年8月16日 165cm／61kg
A型 長野県（木曽町） ヴァンラーレ八戸

宮阪政樹
Masaki MIYASAKA

MF 15

1989年7月15日 169cm／70kg
B型 東京都 ザスパクサツ群馬

森川裕基
Yuki MORIKAWA

MF 16

1993年1月7日 176cm／68kg
A型 京都府 カマタマーレ讃岐

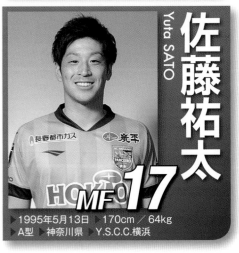

佐藤祐太
Yuta SATO

MF 17

1995年5月13日 170cm／64kg
A型 神奈川県 Y.S.C.C.横浜

音泉翔眞
Shoma OTOIZUMI

MF 18

1996年7月7日 174cm／74kg
A型 千葉県 水戸ホーリーホック

安東 輝
Teru ANDO

MF 25

1995年7月3日 175cm／72kg
A型 埼玉県 栃木シティ FC

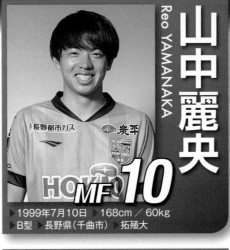

高橋耕平 Kohei TAKAHASHI
MF 37
1999年9月20日 172cm／70kg
A型 北海道 札幌大

原田虹輝 Koki HARADA
MF 32
2000年8月6日 169cm／65kg
A型 埼玉県 川崎フロンターレ

丹羽 匠 Takumi NIWA
MF 28
2000年4月15日 172cm／69kg
O型 大阪府 早稲田大

木原 励 Rei KIHARA
FW 22
2003年6月4日 180cm／68kg
O型 大阪府 浦和レッズ

進 昂平 Kohei SHIN
FW 11
1995年6月4日 172cm／67kg
O型 埼玉県 愛媛FC

加藤弘堅 Koken KATO
MF 47
1989年4月3日 178cm／72kg
O型 千葉県 東京ヴェルディ

豊田晃大 Koki TOYODA
FW 34
2003年4月11日 170cm／64kg
A型 岐阜県 名古屋グランパス

山本大貴 Hiroki YAMAMOTO
FW 33
1991年11月15日 179cm／73kg
B型 熊本県 ファジアーノ岡山

髙窪健人 Kento TAKAKUBO
FW 23
1998年7月17日 178cm／76kg
O型 埼玉県 FC徳島

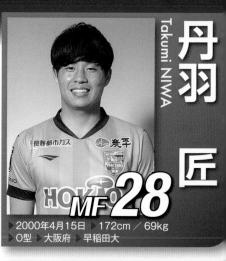

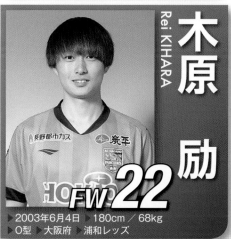

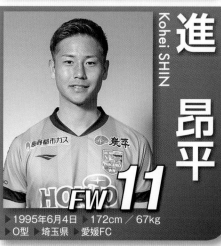

STAFF Profile

監督 Manager

髙木理己
Riki TAKAGI
1978年7月13日　千葉県

前監督 Former Manager

シュタルフ 悠紀
Yuki STALPH
1984年8月4日　ドイツ

ヘッドコーチ

吉澤英生
Hideo YOSHIZAWA
1972年4月10日　群馬県

GKコーチ

シュナイダー 潤之介
Junnosuke SCHNEIDER
1977年5月22日　東京都

フィジカルコーチ

増井淳二
Junji MASUI
1980年5月7日　愛媛県

アシスタントコーチ

岩﨑芳和
Yoshikazu IWASAKI
1982年9月28日　大阪府

チーフトレーナー

保科帝幾
Taiki HOSHINA
1986年8月21日　長野県(長野市)

トレーナー

大社幸太郎
Kotaro TAISHA
1977年5月3日　静岡県

トレーナー

田中千尋
Chihiro TANAKA
1995年9月14日　長野県(長野市)

主務

齋藤薫平
Kumpei SAITO
1992年12月19日　岩手県

副務

植木 望
Nozomu UEKI
1996年7月17日　長野県(伊那市)

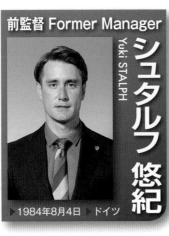

2023 J3リーグ戦績

■J3戦績表

節	月・日	対戦相手	Home Away	スコア	順位
前半戦					
1	3・5	宮崎	A	○2－0	2
2	3・12	愛媛	A	△1－1	4
3	3・19	奈良	H	●0－3	13
4	3・26	富山	A	△3－3	13
5	4・2	YS横浜	H	○1－0	9
6	4・9	讃岐	H	○4－0	4
7	4・15	相模原	A	○1－0	1
8	4・30	福島	H	●2－3	4
9	5・3	岩手	A	○4－1	3
10	5・13	松本山雅	H	○2－1	1
11	5・28	沼津	A	●0－1	2
12	6・4	FC大阪	A	●0－1	5
13	6・11	琉球	H	●1－2	6
14	6・18	鹿児島	H	●1－2	8
15	6・24	北九州	A	△1－1	10
16	7・1	今治	H	●0－4	13
17	7・8	八戸	A	●0－4	15
18	7・16	鳥取	H	△2－2	14
19	7・22	岐阜	A	△1－1	15
後半戦					
20	7・29	相模原	H	○1－0	13
21	8・6	岩手	H	●0－3	15
22	8・13	鹿児島	A	○2－1	14
23	8・19	岐阜	H	●1－5	14
24	8・26	奈良	A	●0－2	15
25	9・2	愛媛	H	△1－1	17
26	9・9	福島	A	○1－0	15
27	9・16	今治	A	●0－2	16
28	9・23	富山	H	○3－1	14
29	9・30	琉球	A	△2－2	14
30	10・8	八戸	H	△1－1	15
31	10・15	松本山雅	A	●0－1	15
32	10・22	FC大阪	H	●0－2	16
33	10・29	沼津	H	○3－0	14
34	11・5	讃岐	A	○3－2	14
35	11・12	鳥取	A	○3－2	14
36	11・19	北九州	H	△2－2	14
37	11・26	YS横浜	A	△1－1	14
38	12・2	宮崎	H	△2－2	14

■J3順位表

順位	チーム	勝ち点	試合数	勝	分	敗	得点	失点	得失点差	
1	愛媛FC	73	38	21	10	7	59	48	11	J2昇
2	鹿児島ユナイテッドFC	62	38	18	8	12	58	41	17	J2昇
3	カターレ富山	62	38	19	5	14	59	48	11	
4	FC今治	59	38	16	11	11	54	42	12	
5	奈良クラブ	57	38	15	12	11	45	32	13	
6	ガイナーレ鳥取	56	38	14	14	10	57	52	5	
7	ヴァンラーレ八戸	56	38	15	11	12	49	47	2	
8	FC岐阜	54	38	14	12	12	44	35	9	
9	松本山雅FC	54	38	15	9	14	51	47	4	
10	いわてグルージャ盛岡	54	38	15	9	14	48	49	-1	
11	FC大阪	53	38	14	11	13	41	38	3	
12	Y.S.C.C.横浜	52	38	14	10	14	48	50	-2	
13	アスルクラロ沼津	51	38	15	6	17	48	48	0	
14	**AC長野パルセイロ**	**50**	**38**	**13**	**11**	**14**	**52**	**60**	**-8**	
15	福島ユナイテッドFC	47	38	12	11	15	37	42	-5	
16	カマタマーレ讃岐	44	38	11	11	16	29	45	-16	
17	FC琉球	43	38	12	7	19	43	61	-18	
18	SC相模原	41	38	9	14	15	44	48	-4	
19	テゲバジャーロ宮崎	39	38	9	12	17	31	52	-21	
20	ギラヴァンツ北九州	31	38	7	10	21	33	45	-12	

結果と理想の両立へ決意

ORANGEの志❶ シュタルフ悠紀監督の熱い思い

ＡＣ長野パルセイロの監督として２年目、そしてクラブとしてＪ３参戦10年目のシーズンが始まる。Ｊ３で戦うのは最後のシーズンにできるように、Ｊ２昇格の切符をつかんで、年末にはサポーターの皆さんと喜びを分かち合いたい。

監督として例年以上に結果に対する強いこだわりが生まれている。昨年のワールドカップ（Ｗ杯）を振り返るコラムでも指摘したが、日本では「昇格」や「優勝」など結果が最重視される傾向にある。これまで自分自身が価値を見いだしてきた「魅せるフットボール」などのエンターテインメントの要素は、結果を出してはじめて評価されるように思う。

「（サッカーの）内容に関係なく、結果を追求した方がいいのかな」という葛藤を抱えていたが、自分は理想家でもある。フットボールの面白みを見ている人に伝えたいし、選手たちにも楽しんでプレーしてほしい。だから、今季も結果と理想を両立させたい。結局、自分にはその道しかないという決意が芽生えている。

その思いで臨んだ御殿場キャンプは、細部にまでこだわった。昨年は監督１年目だったこともあり、（戦術の）ベースの共有、選手との信頼関係を構築することを重視した。今年は既にベースができているし、信頼関係で結ばれた選手が多いからこそ、細かな修正や指摘をどんどん行った。例えば、日々のトレーニングで選手それぞれの出来を客観的に評価して「可視化」し、その内容をグループＬＩＮＥ（ライン）で選手たちに伝えた。スタッフとも毎日ミーティングを行い、意見をぶつけ合ったり、課題を提示したりした。

日本では円滑なコミュニケーションを優先し、相手に気を使うシーンがよく見られる。浅い人間関係ならば有効かもしれないが、僕らは濃密な時間を共有してシーズンを戦い抜く。選手もスタッフも自分をさらけ出し、本音で意見を言い合い、助け合うことで良いアイデアが生まれ、成長する「本物のワンチーム」になれると感じている。

“変化”という点では、今年のキャンプにはクラブのフロントスタッフ全員が視察に訪れてくれた。練習後は選手たちと一緒に夕食を取り、互いに自己紹介をして、それぞれの仕事への理解を深めた。

ピッチで戦う選手たちは普段、フロントスタッフの仕事を目にする機会が少ない。裏方のフロントスタッフがどんな努力をしてクラブを支えているのか。それを理解することで、選手たちに「もっと頑張らなければ」というプラスアルファの力が生まれてくれればうれしい。

各クラブの補強を見ると、今季もＪ３は混戦必至だ。資金力ではかなわないライバルもいるが、ＡＣ長野は戦力を足し算するのではなく、掛け算にして総合力で上回りたい。そうやって勝利をつかむことこそフットボールの醍醐味なのだから。

（２０２３年３月３日・信濃毎日新聞掲載、題字も）

◆ORANGEの志◆

- One Team（結束、個性を生かすチーム）
- Run Fast（速く走る、素早い行動）
- Aggressive Duels（激しい対人プレー）
- Never Give Up（諦めない）
- Grow Everyday（日々成長）
- Enjoy Football（サッカーを楽しむ）

※シュタルフ監督が独自に考案したチームコンセプト

開幕戦　後半苦しみ
最後は「結束力」で好発進

後半41分、左足からミドルシュートを放つ三田。
２点目のゴールを決め、勝利を大きく引き寄せる

宮崎県新富町で宮崎との開幕戦に臨んだAC長野は３–５–２の布陣。センターバックは砂森、秋山、池ケ谷で組み、アンカーは宮阪。進と佐藤が縦に並び２トップを組んだ。

前半５分、左クロスの相手クリアボールを西村が頭で落とし、進が左足で先制点を決めた。その後はロングボールの対応で後手に回ったり、パスミスも目立ったりしたが、後半41分に山本のスルーパスに抜け出した三田が左足で２点目を奪った。

努力報われ最高

シュタルフ監督「開幕戦の難しさがある中、アウェーで2–0で勝てたことが全て。選手たちはプレシーズン、本当に頑張っていた。その努力が報われて最高。（攻撃で）前に出るパワーが最後まで残っていたことが２点目につながった。ただ、守備では危ない場面もあった。もっと賢く守れる堅守を構築し、ビルドアップ（攻撃の組み立て）で相手をいなす力も見せ、自分たちの時間を増やしたい」

秋山主将「内容が良かったのかまだ分からないが、とりあえず勝ててほっとした。得点も取れたし、キャンプからずっと守備に取り組んできたのでゼロに抑えることができて良かった。J2昇格しか見ていない。毎試合、チームが力を発揮できるように、しっかりまとめていきたい」

GK浜田（３試合連続無失点）「練習からチームとして守備の意識が高いので試合を重ねるごとに良くなっている。自信にしたい」

宮崎・松田監督「先制点が痛かった。攻めに行くしかなかったので（カウンターの）２失点目はある意味で織り込み済みだった。１点返せれば逆転できそうな雰囲気はあったし、戦い方についてミスはなかった」

後半、宮崎の猛攻の中、好セーブを連発したGK矢田貝

第1節 3.5.Sun ユニリーバスタジアム新富(AWAY)

長野 2-0 宮崎
勝ち点3

前半5分、進(11)が先制のゴールを決める

昨季苦しんだ2人が躍動

AC長野は少ないチャンスを生かし、昨季、ともに苦しいシーズンを送った進と三田がゴールを挙げた。

先制点は進。前半5分、西村が頭で落としたボールに反応し、「冷静にコントロールできた」と左足を振り抜いた。YS横浜に在籍した2019年に15得点をマークしたが、直近3シーズンは故障などに苦しんだ。移籍して早速初ゴールを決めると、1月に結婚した妻に向けて両手でハートの形をつくり、「妻への勝ち点3も稼げました」とおどけた。

三田は勝利を決定付ける追加点を奪った。後半41分、山本からのスルーパスに抜け出し、ペナルティーエリア付近から豪快に左足でミドルシュートを突き刺した。19、20年に2桁得点をマークするも昨季は2得点。慎重になり過ぎた反省から「思い切って打とうと思った。今年は優勝とJ2昇格に貢献したい」と笑顔で決意を語った。

全員で体張って耐え、カウンターで突き放す

キャンプでどれだけ理想のスタイルを落とし込んでも、公式戦はその通りにはいかない。重圧がかかる開幕戦であればなおさらだ。動きが硬いAC長野は試合時間の大半を守備に費やしたが、最後にものを言ったのは積み上げてきた「結束力」だった。

開始5分で先制する最高の立ち上がりだったが、長身2トップにロングボールを放り込んだ宮崎の攻めに苦戦。今季から採用した3バックからのビルドアップ(攻撃の組み立て)もミスが目立ち、「相手にボールを握られた」(秋山)。攻守とも行き詰まり、宮崎の猛攻にさらされた。

苦境の中、前半41分に投入されたセンターバック大野が奮闘する。スピードを生かしたカバリングを武器に松本山雅から移籍加入した26歳は「相手FWの裏抜けに手を焼いていたけれど『徒競走』なら負けない。俺の試合だと思った」。そう確信した通り、次々とピンチの芽を摘んだ。最後の局面は体を張った全員守備で耐え、後半41分、カウンターの一撃で勝利を引き寄せた。

先発落ちという悔しさを味わった大野を奮い立たせたのは仲間の言葉だ。試合前日、池ケ谷に「腐るのは簡単だけど、優勝するためには絶対におまえの力が必要だ」と声をかけられた。大野は「チームのために戦う気持ちになれたし、サポートに徹しようと思えた」と振り返る言葉に実感を込めた。

「残り37試合、王者にふさわしいチームづくりをして、毎試合、力を発揮したい」とシュタルフ監督。真のワンチームでシーズンを駆け抜けた時、悲願のJ2昇格が見えてくる。

節 3.12.Sun ニンジニアスタジアム(AWAY)

野 1-1 愛媛
点4

後半29分、リーグ戦初得点となる先制ゴールを決め、自陣へ駆けだす原田

後半45分に暗転 痛恨ドロー

AC長野は今季初先発の大野が３バック中央に入り、前節と同じ3-5-2の布陣で臨んだ。前半はパスミスが目立ったものの、愛媛の攻撃を５バックで粘り強く防ぎ0-0で折り返した。後半29分に進の左クロスを途中出場の原田が右足で決めて先制したが、終了間際の45分に自陣右からのCKを押し込まれて同点とされた。

途中出場 原田の初ゴール守り切れず

ホームの開幕戦で惨敗した愛媛は序盤から高い集中力で攻め立ててきたが、AC長野も５バックの堅い守備で一歩も引かない。試合を動かそうと、シュタルフ監督は後半27分に原田と藤森をピッチに送り出した。

この決断が吉と出る。直後の29分、左サイドで最終ラインを突破した進が低いクロスを送り込む。キャンプで繰り返し練習した形に呼応したのが途中交代で入った２人だ。

ゴール中央の藤森がDFを引きつけ、大外でフリーで待っていたのは右ウイングバックの原田。「つないでくれた仲間に感謝して枠に飛ばすことだけを考えた」と、Ｊリーグ初得点となる先制弾を右足で決めて均衡を破った。出場６試合に終わった昨季は本職の中盤で主力になれず、慣れないサイドバックもこなした加入２年目の22歳は「プレーの幅が広がり、責任感も芽生えたことが大きい」と強調した。

しかし、勝利を確信しかけた後半45分に暗転する。自陣右CKからの混戦のこぼれ球を愛媛にねじ込まれて痛恨のドロー。ヒーローになり損ねた原田は「CKは自分の右サイドから生まれた。勝ち切らないといけない試合。もっと突き詰めないといけない」と悔やんだ。

開幕２連勝を逃したショックは大きいが、アウェー２連戦を勝ち点４で乗り切れたことには及第点を与えてもいい。「今季は（成長の）プロセスの細部までこだわり抜く」とシュタルフ監督。重要なのは収穫と課題を見つめながら勝ち点を積み上げることだ。

勝利に値する試合

シュタルフ監督「（通算２戦２分けの）愛媛と３度目の対戦で決着をつけたかったが、またも終盤に追いつかれてドローとなり、悔しい。ただ、良い内容で勝利に値するゲームだった。後半は相手の決定機はほぼゼロで完成度の高いプレスができていた。ＣＫからの失点は改善しなければいけないが、開幕からアウェー２連戦で負けていない。胸を張って長野に帰りたい」

西村「（ＣＫの失点は）誰かの責任ではなく、チーム全体の責任。２度とないように練習からしっかりやらないといけない。攻撃ももっとチャンスをつくらないといけないし、追加点を奪えていれば勝てた。ゴール前の最後の質にこだわりたい」

進（原田の先制弾をアシスト）「（左サイドから）狙っていた形で突破できて、味方もゴール前に入ってくれたので決めてくれて感謝。でも、終盤にＣＫで失点していては昇格できない。もっとレベルアップしたい」

ホーム開幕戦は奈良に３点を奪われ、今季の初黒星を喫した。勝ち点
で13位。
AC長野は前節と同じ先発メンバーで臨み、３−５−２の布陣。前半27
に自陣左サイドからシュートを決められて先制を許した。パスミスか
カウンターでピンチを招くなど主導権を握れず、後半17分に自陣右か
の折り返しを押し込まれて２点目を奪われた。31分にミドルシュート
決められて突き放された。

切り替えて進みたい

シュタルフ監督「サポーターから大きな声援をもらい、選手たちのモチベーションも高かっただけに申し訳なく、情けない。先制されて以降、ミスが多かった。焦りから攻め急いでいるように感じた。相手はわれわれのミスを待って攻める形ができ、楽なゲームにさせてしまった。まだ(シーズンは)始まったばかりなので焦る必要はない。気持ちを切り替えて、信じる道を突き進みたい」

宮阪「デュエル(球際の競り合い)で優位に立たなければいけないと感じた。サポーターの期待を裏切ってしまって申し訳ない。『また応援に来たい』と思ってもらえるような結果と戦いを示していかなければいけない」

奈良・フリアン監督（ＪＦＬから昇格して初勝利）「Ｊリーグで初めて勝利をつかむことができて幸せ。相手の３−５−２や５バックに対して、アグレッシブなサイドチェンジや(味方の)サポートで良いプレーができた」

前半27分、先制点を許して厳しい表情を見せるGK矢田貝(中央左)、杉井(同右)ら守備陣

後半17分、奈良・山本(中央)のシュートに、大野(左)、秋山(右)が足を出すも及ばす２点目を許す

第3節 3.19.Sun 長野Uスタジアム(HOME)

長野 0-3 奈良

勝ち点4

後半、クロスに飛び込んでゴールを狙う池ケ谷(中央)

苦いホーム初戦、今季初黒星

新布陣、好守のバランス崩れ、弱点あらわに

後半31分に３点目を決められると、試合終了を見届けることなく席を立つサポーターの姿があった。J2昇格に挑むAC長野を応援しようと、昨季のホーム開幕戦より約1200人多い4394人が来場。だが、待っていたのは悪夢のような惨敗だった。

「ミスは付きものだが、多過ぎると試合が壊れる」(シュタルフ監督)。引き金となったのは、前半27分に与えた先制点だった。

GKからのロングフィードを自陣左で浅川に回収されると、前に出たGK矢田貝の頭上を越える浮き球のシュートを決められた。

晴れ舞台で許した先制点の動揺がピッチに広がる。最終ラインからのビルドアップ(攻撃の組み立て)は「相手に順応できず、停滞してしまった」と宮阪。奈良のコンパクトな守備ブロックに対してパスのテンポが上がらず、ミスを連発。後半17分には池ケ谷のパスミスをきっかけに痛恨の２点目を許した。

シュタルフ監督が就任した１年目は、ボール保持率を高めて主導権を握るスタイルを築いたが、結果は８位。「ポゼッション率を上げても勝ち点に直結するとは限らない。攻撃回数とスピード感を上げることが大切」と感じた指揮官は、守備時は５バック、攻撃時は５人のアタッカーでゴールに迫る「賢守猛攻」を掲げる。

しかし、攻守のバランスが崩れれば大敗するリスクもあるという弱点を露呈。発展途上の新布陣の破壊力はもろさと紙一重だ。「(昨季より)パワーアップは感じている。やっていることは間違っていない」と主将の秋山。ホーム開幕戦で味わった屈辱をエネルギーに変えられるか。

後半、ヘディングシュートを阻まれ、天を仰ぐ大野

3.26.Sun 富山県総合運動公園陸上競技場(AWAY)

野 3-3 富山
5

猛攻の逆転劇 勝利目前で瓦解

AC長野は前節からスタメン３人を入れ
えた。浜田と山本が今季初先発。負傷から
試合ぶりに復帰した砂森が最終ラインに
る3−5−2で臨んだ。
長野は前半23分にFKで先制されたが、
半２分に船橋の左クロスを山本が頭で決
、６分に山本の折り返しに船橋が詰めて
転。15分には佐藤がミドルシュートを決
てリードを広げた。しかし、38分と42分
連続失点して追いつかれた。

これがいまの僕らの弱さ

ュタルフ監督「チャンスも多くつくれたし、内容の評価は高い。しかし、(優勢だった)ゲームの流れや進め方を考慮すれば勝ち点１はあまりにも少ない。3−2とされて『負けるかもしれない』という選手たちの空気感が伝わってきた。もっと勝者のメンタルを持って堂々と攻撃してほしかった。２試合連続の３失点も、ミスを選手一人一人が最小限に抑えなければいけない。これがいまの僕らの弱さ。強くなりたい」

まだ始まったばかり

山本（今季初先発で１ゴール、１アシスト）「勇(船橋)が良いボールを上げてくれたので決めるだけだった。前線で起点になれたことも良かった。引き分けたけれど、まだシーズンは始まったばかり。一人一人が強い気持ちを持って戦いたい」

富山・小田切監督「(後半２点リードされ)あとがない状況の中で選手たちが気持ちを見せてくれた。もう１点取れる勢いがあったので、勝ちきれず申し訳ない」

後半15分、ミドルシュートを決め、宮阪(右)と喜び合う佐藤。２点リードを奪ったが、このあと流れは富山に傾く＝北日本新聞社提供

２点リードから終盤に連続失点

山本の今季初ゴール、滑らかな連動から生まれた船橋の逆転弾、そして佐藤が豪快なミドルシュート―。AC長野は１点を追う後半２分から13分間で３ゴールを奪う猛攻撃を見せた。前節のホーム開幕戦で大敗した鬱憤を晴らす逆転劇と思いきや、ここから思わぬ展開が待ち受けていた。

「ビルドアップ(攻撃の組み立て)ができる選手を配置した」とシュタルフ監督。出場停止の池ケ谷に代わり、ボランチが本職の西村を最終ラインに起用する大胆な采配が当たり、AC長野はボールを支配していた。

ところが後半38分で瓦解する。左サイドの船橋が富山の大山に突破され、クロスから失点して１点差に。すると、ロングボールを蹴る安易なクリアが目立ち始め、流れは完全に富山に。佐藤は「クレバーに試合を終わらせる形を意思統一しなければいけなかった」。防戦一方のまま、42分に自陣右からのクロスのこぼれ球をつながれてネットを揺らされた。

２試合連続の３失点。ピッチ内で混乱したチーム全体の弱さはもちろんだが、一つ一つの失点を振り返ると、球際の弱さなど選手それぞれの対応の甘さが目立つ。

「こんな状況、２度とないようにしないといけない」と西村。指揮官がどれほど理想的なシナリオを描いても、ピッチで戦う選手たちが覚悟を示さなければＪ２昇格は見えてこない。

第5節 4.2.Sun 長野Uスタジアム(HOME)

長野	1 - 0	YS横浜
勝ち点8		

ホーム初白星

後半16分、宮阪のFKに右足で合わせてゴールを決める西村

YS横浜に競り勝った。今季ホーム初勝利で勝ち点8に伸ばし、13位から9位に浮上した。

AC長野は前節から先発1人を入れ替えた。出場停止から復帰した池ケ谷が3バックの右に入る3–5–2で臨んだ。

前半、高さを生かした攻撃で好機をつくったが、丁寧にパスをつないだYS横浜を攻めきれず、0–0で折り返した。AC長野は後半16分、宮阪の右FKに途中交代で入った西村が詰めて先制。ロングボールをゴール前に放り込む相手の猛攻に耐えてリードを守り切った。

信じてくれたサポーター、大きく貢献

シュタルフ監督(今季ホーム初勝利)「難しいゲームだったが、粘り勝ちできた。相手は最終ラインからつなぐ形だったが、守備が機能していて、危険な形で(ゴール前に)進入されなかった。(直近3戦は2分け1敗で)つらい試合が目立っていた中、サポーターが信じて応援してくれたことが無失点勝利に大きく貢献した。交代で出場した選手たちも良いパフォーマンスを発揮してくれた」

近藤(左脚のけがから復帰して今季初出場)「ゲーム展開的に無失点で試合を締める役割で途中から入ったので、守備の意識からカウンターを狙っていた。もっとコンディションを上げて得点やアシストでチームに貢献したい」

佐藤「2試合連続で3失点した状況から、無失点で勝てたことは大きい。先発で出る力があるヤス(西村)が途中から出てくる層の厚さが今年の強み。自分もチーム内の競争に負けないように切磋琢磨《せっさたくま》したい」

途中出場西村の1点、一枚岩で守り切る

互いに隙をうかがう重苦しい試合が動いたのは後半16分。AC長野は右サイドでFKを得ると、宮阪が低いボールをニアサイドへ送る。これに飛び込んだのは、直前に投入されたばかりの西村。「本当に良いボールが来た」と、ファーストタッチで右膝に当ててネットを揺らした。

チームが一皮むけた姿を見せたのはここからだ。「同じことを繰り返さない。全員がその意識だった」(西村)。YS横浜が後半26分に新外国人のアローヨを前線に投入し、ロングボールから猛攻を仕掛けてきても集中力は切らさない。西村や音泉ら途中交代で入った選手たちが中心となり、一枚岩となって1点を守り切った。

開幕戦で宮崎に快勝したものの、第2節以降は終盤に失点する悔しい引き分けやホーム開幕戦での0–3の完敗など、試合運びのまずさを露呈。そこで味わった屈辱が原動力となり、主将の秋山は「今節に向けて課題と向き合い、チームとして突き詰めてきた。その積み重ねが自信になり、きょうはやられる気がしなかった」と言い切る。

開幕から負傷で離脱していた近藤も復帰し、戦力も整い始めた。「チーム内の競争が活性化し、選手みんなが同じ方向を向いて準備してくれたことが良いパフォーマンスにつながった」とシュタルフ監督。反転攻勢の道筋がはっきりと見えてきた。

前半、YS横浜の激しい守りに挟まれながら、ゴールへ迫る山本(33)

ORANGEの志② シュタルフ悠紀監督の熱い思い

ビジョン描き、学ぶ習慣を

J3は第5節を終え、AC長野パルセイロは2勝2分け1敗。首位と勝ち点差2とはいえ、開幕前に思い描いたスタートではない。それでも、終盤に追いつかれた愛媛戦と富山戦を勝ち切っていれば今ごろは首位という戦いができた。内容には「進んでいる道は間違っていない」という手応えがある。サポーターの皆さんには、最終順位を信じて、今シーズンの航海を一緒に楽しんでほしい。

話は変わるが、昨季をともに戦った東（浩史）が先日、現役引退を決めた。今後は指導者になるという。プロになるだけでも難しいのに、35歳までプレーしたのはすごい。努力や継続力など、長年活躍できる能力を身につけたからだろう。指導者になった彼から学ぶことは多いだろうし、サッカーに関わるセカンドキャリアを歩めるのは喜ばしいことだ。

東のようなケースはまれだ。Jリーガーの多くは20代半ばに引退するという。けがや戦力外など理由はさまざま。引退を決めた後、第二の人生を考え始める選手が多いと感じる。人生は引退後の方が長い。将来のビジョンを持って逆算しながらキャリアを積み重ねるべきだ。

僕自身は10代のころから指導者を志し、プロ生活と並行しながら、できる限りの時間を将来への準備に充てた。けがの期間に18歳で欧州サッカー連盟（UEFA）のB級指導者ライセンスを取得。プレーした各国のクラブでは、練習後に育成組織で指導する経験を積ませてもらった。語学力を広げようと、あえて英語圏の国でプレーする選択もし、契約に関する知識が必要だと思い、法律を勉強したこともあった。

欧米では、育成組織の子どもの多くがサッカー以外のビジョンも持っている。クラブも積極的に支援する。例えばバイエルン・ミュンヘン（ドイツ）では学業成績が良くない選手はプレーできない。それゆえ、クラブが家庭教師を雇うなど、文武両道を歩めるようマネジメントする。なぜ支援するのか。クラブは、子どもたちの中でトップ選手になれるのは一握りだと理解している。だから、プロになれなかった子どもたちが豊かな人生を送れるようにサポートする。サッカーの枠を超えた人材育成に力を注ぐことでクラブのブランド力も高まる。

一方、日本の中高生やJクラブはどうか。サッカーの能力に秀でた子どもがスポーツ推薦や特待生として進学したり、トップチームに昇格したりする。技術が最重視される傾向にあると感じる。それが悪いとは言わないが、サッカー以外の勉強を重ねることで広がる知識の幅や勉強の習慣、学びのノウハウがなかなか身につかない。それゆえ、引退後のセカンドキャリアのビジョンをなかなか描けないのだと思う。

学ぶ習慣は競技力に好影響を与える。YS横浜の監督3年目（2021年）に、選手自身が練習前に目標を設定し、練習後に達成度を振り返るアプリを導入した。技術や戦術の目標を具体的に設定し、きちんと振り返り、課題を見つける選手は成長が早かった。その代表例がYS横浜から移籍し、今季もAC長野で活躍する佐藤だ。

僕自身も、試合や練習の準備に追われる毎日の中、「これだけはやる」と決めて専門誌などを読んで知識をアップデートしている。現状維持では退化する。学ぶことが日々成長の第一歩だと思う。

（2023年4月7日掲載）

AC NAGANO
PARCEIRO
Since1990
駆け上がれ、長野!!

省エネでボール奪う守備　今季初の連勝

ホーム開幕戦で奈良に惨敗した３週間前とは別のチームのような強さだった。AC長野は安定した守備から隙を逃さない攻めで４得点。シュタルフ監督が掲げる「賢守猛攻」を体現するゴールラッシュで今季初の連勝を飾った。

象徴的だったのは後半の３ゴール。６分、ピッチ中央付近で体を張った三田からセカンドボールを預かった佐藤が、左サイドを駆け上がった進へパスを送る。迷いのないクロスにゴール前まで走り込んだのは三田。一度は当て損なったが「ボールがこぼれていたので押し込んだ」と貴重な追加点を決めると、20分にも佐藤のスルーパスに抜け出して勝負を決定づける３点目を奪った。

後半37分に交代するまで走り続けた三田は「終盤まで走りきれるのは（守備戦術が）変わった影響があると思う」と語る。昨季のAC長野は守備強度の高さを武器とした一方、体力の消耗も激しく得点が伸び悩んだ。効率的な守備に取り組む今季は、第３節のホーム開幕戦から２戦連続で３失点と崩れたが、要因となった球際の甘さやボールを奪うタイミングを修正。「省エネ」でボールを奪う堅守の完成度が徐々に上がり、終盤まで攻撃の鋭さを維持している。

試合前には、AC長野に７年在籍した東の引退セレモニーがあった。「彼の『このクラブをJ2に導く』という意志はしっかり受け継いでいる」とシュタルフ監督。過去９シーズン、涙をのんできた選手やサポーターの思いを背負いながら混戦のJ3を戦い抜く。

一体感のある戦いできた

シュタルフ監督「4-0だが、タフな試合だった。讃岐は勢いのあるチームで前半から数え切れないほどのセットプレーを与えたが、選手たちが良く耐え抜いて勝ち点3につなげてくれた。（讃岐の）セットプレー対策が良かったし、相手にやらせない強い気持ちがあった。サポーターの声援も後押しとなり、一体感のある戦いができた。勝ち点を積み重ねながら日々成長できるかが（J3優勝、J2昇格への）鍵」

進（開幕節以来となる今季２点目）「こぼれ球を狙っていたことがゴールにつながったし、サポーターの熱い声援も後押しになった。ただ、連勝を続けないと意味がない」

西村（２試合連続の先制弾）「（宮阪の）CKからのボールが良くて、うまく合わせられた。守備でもこれまでセットプレーで失点した経験を生かして全員で守り切って２試合連続の無失点に抑えられた」

秋山主将（２試合連続の無失点）「相手の武器のセットプレーに対してうまく守れたし、シュートもコースに入ってブロックできた。これまでの失点を繰り返さないように全員で意識してできている」

讃岐・米山監督「今季初の連勝とアウェー初勝利をつかみたかったが、未熟さが出た。準備はしてきたが、先制されてから踏みとどまれない。修正したい」

後半20分、三田がこの日２得点目のゴールを奪い、3-0と突き放す

長野 4-0 讃岐
勝ち点11

堅守からの攻め ホームで4得点

前半6分、西村(右から2人目)が右CKを頭で合わせ、先制のゴールを決める

前半、讃岐DF臼井(左)らに囲まれながら突破を試みる船橋

讃岐に4−0で完勝したAC長野は、今季初の連勝で勝ち点11とし、9位から4位に浮上した。

長野は前節から先発1人を入れ替え、2試合ぶりにスタメンの西村が左ウイングバック、杉井が3バックの左に入る3−5−2で臨んだ。

前半6分、右CKを西村が頭で決めて先制した。後半6分に三田が左クロスのこぼれ球を押し込むと、同20分には佐藤のスルーパスに抜け出した三田が右足で決めて突き放した。同25分には三田のシュートをGKがはじいたボールに詰めた進が4点目を奪った。

野 **1-0** 相模原
4

3連勝で暫定首位に

後半6分、宮阪の右CKを、秋山(3)がヘディングで決める

相模原に1-0で競り勝った。3連勝で勝ち点14に伸ばし4位から暫定首位に浮上した。

AC長野は前節から先発1人を入れ替え、今季初先発の音泉が右ウイングバックに入る3-5-2で臨んだ。

長野は前半、高い位置のプレスからボールを奪ってチャンスをつくったが得点につなげられず0-0で折り返した。後半6分、宮阪の右CKを秋山が頭で決めて先制。その後は高さのある佐古を投入して守備を固め、相手の反撃を振り切った。

秋山、執念のヘディングでJ初ゴール

悔しさを力に変えた主将がヒーローの座をつかんだ。引き分けに終わった第4節の富山戦でPKを外した秋山が、決勝点となるJリーグ初ゴール。「(富山戦の)悔しさは思い出さないようにしていたけれど、自分のゴールで勝ててうれしい」と安堵の表情で喜びをかみしめた。

降りしきる雨の影響で転倒する選手が目立つなど両チームとも攻撃のテンポが上がらなかった。前半を終えて無得点と膠着状態に陥るかと思われた。

それでも、AC長野には武器があった。直近3試合はいずれもセットプレーから得点。キッカーはいずれも宮阪。後半6分、チーム最年長33歳が右CKから「相手はニアサイドが弱点だと分かっていた」と速いボールを蹴り込むと、秋山が「良いボールが来たので合わせるだけだった」とドンピシャのタイミングでヘディングをねじ込み、均衡を破った。

富山戦後、秋山は悔しさを押し殺して気丈に振る舞っていたが、シュタルフ監督は「ここ数週間は、練習のセットプレーでずっと点を取り、ゴールへの執念を感じさせた。富山戦のPK失敗があったからこそ、きょうのゴールが生まれた」と一皮むけた姿をたたえる。

3試合連続無失点と攻守の歯車ががっちりとかみ合い、暫定ながら首位に浮上。試合後、サポーターから「アキヤマ!」コールで称賛された28歳は「うれしいけれど、ここで満足してはいけない」ときっぱり。好調のチームの中心にたくましさを増した大黒柱がいる。

セットプレーから

シュタルフ監督 「タフなゲームだったが、勝ち点3を取れてほっとしている。前半の終わりから(攻守で)良い形が出せた。結果的にセットプレー(CK)で1点を奪えたが、チャンスもつくれたし、ピンチも少なかった。今季はセットプレーからの得点も重ねていきたいと考えている中、結果が表れていてうれしい」

音泉 (右ウイングバックで今季初先発)「(武器の突破力を生かして)相手の左サイドバックを封じる指示があったが、うまくできず、逆に守備に費やす時間が長かった。もっとゲームに慣れて自分の特長を出せるようにしたい」

GK浜田 (3試合連続無失点)「練習からチームとして守備の意識が高いので試合を重ねるごとに良くなっている。自信にしたい」

相模原・戸田監督 「相手に良いキッカーがいるし、(失点した)セットプレーへの守備対応は準備はしてきた。試合中の対応がどうだったのか。しっかり振り返りたい」

りしきる雨の中、3連勝を飾って喜ぶ(左から)小西、秋山らAC長野の選手たち

① MY PRIDE 船橋勇真

兄と同じ背番号4、誇りに

昨シーズン、ＹＳ横浜から移籍した際、クラブから打診された背番号が４番でした。偶然でしたが、「お兄ちゃんと同じ背番号がもらえるんだ」と胸が熱くなりました。

２歳上の兄、和真は常に追いかける存在でした。サッカーを始めたのも兄がスクールに通っていたから。小学生時代も兄と同じ少年団で一緒にボールを蹴っていました。負けず嫌いな僕は、常に「兄に勝ちたい」と思っていました。

でも、サッカーに対する姿勢は正反対。兄はしっかり準備し、プレーも一切手を抜かない。一方の僕はやらなきゃいけない状況になったらやるタイプで「楽しくやれればいいかな」ぐらいでした。

必然的に差が出てきます。兄はＪリーガーを多く輩出した「三菱養和」のジュニアユースに進み、全国大会に出場。僕はそのセレクションに受かりませんでした。「兄は優秀で弟は劣る」。周囲はそう見ただろうし、僕もそう思っていました。

転機は僕が中学3年生の冬。高校2年生だった兄が小児がんと診断されました。数カ月の入院期間中、僕はほとんど兄に会いに行けませんでした。弱った兄の姿を見るのがつらかったし、現実を突きつけられるのが怖かった。「（病気になるのは）僕の方がよかったのに…」。そう悩んだ時期もありました。

でも、兄は弱音を吐きませんでした。その姿を見て「サッカーができるのは当たり前じゃない。自分を変えなきゃいけない」と強く思いました。

「楽しむこと」と「楽をすること」の区別もできていませんでした。厳しい戦いに全力で挑むことで本当の楽しさが見えてくる。それが兄から学んだことです。普段から「サッカーにつながる」と意識して動き、道を切り開く。その意識の変化が成長につながり、プロになる土台ができました。

兄も強かったです。僕は「兄と同じ大学で最後に一緒にサッカーできたらいいな」と思い、江戸川大に進学しました。大学2年からサッカーを再開した兄は、検査入院やリハビリという厳しい状況ながらも地道に努力を重ね、完治した４年生の時、大学のリーグ戦に出場。兄弟でピッチに立つことができました。「やっぱり、お兄ちゃんはすごい」と実感しました。

その時、兄がつけた背番号が４です。今も、兄は「おまえらしく楽しくやってくれれば俺ら（家族）は幸せだから」と言葉をかけてくれます。厳しい戦いの中で一瞬一瞬を楽しみ、見ている人も楽しませられる選手になりたい。４番の誇りを胸にプレーしています。

◇

出会い、成長、挫折…。ＡＣ長野パルセイロの選手たちは、これまでの競技人生で培ったプライドを持ってピッチに立っている。Ｊ２昇格に向かって戦う選手たちの思いを紹介する。（**題字は本人**）

【ふなばし・ゆうま】 江戸川大3年時に模擬選手として参加した公認S級ライセンス養成講習会でのプレーがシュタルフ監督に評価され、卒業後の2020年にJ3のYS横浜に入団。22年シーズンからAC長野に移籍した。DF。25歳。東京都出身。

信濃毎日新聞（2023年3月16日掲載）

② MYPRIDE 杉井颯

求められる存在のために

試合で勝った後、シャナナ（ラインダンス）の先頭に立って踊ったり、練習でチームメートをいじって笑わせたり。明るくはじける姿に、ほかの人から「ばかだよね」と冗談交じりによく言われるけれど、嫌な気持ちになったことは一度もありません。明るさはチームにとって必要だし、僕の役目の一つは「盛り上げ役」だと思っているからです。

でも、自分の歩みを振り返ると、決して明るい道ではなかったように思います。小学6年生の時に両親が離婚し、父に引き取られました。多感な年頃でもあり、家庭環境の変化に気持ちがついていきませんでした。

中学生になってＪ１柏の育成組織に加入しましたが、次第にサッカーへの意欲も失い、学校生活も何もかもが嫌になりました。先生に反抗し、問題児と扱われ、ささいなことで親が学校に呼び出される。「自分には居場所がない」と孤独でした。

立ち直るきっかけは誕生日に母から送られてきた手紙でした。「颯はサッカーをしているだけでいいよ。頑張ろう」。常に味方になってくれた母のために頑張りたい。母が自分に期待していることは何だろう。そう考えたら、自分にはサッカーしかないという強い決意が生まれました。

その後、Ｕ－15（15歳以下）日本代表に選ばれ、柏の育成組織からトップチーム昇格をつかみました。でも、プロの世界でもなかなか居場所が見つかりませんでした。柏では主力争いに加われない。「とにかく試合に出たい。カテゴリーは問わない」という覚悟で、育成型期限付きでＪ２金沢、Ｊ３鳥取と渡り歩きました。それでも、力を発揮できないまま、2021年シーズン後に移籍元の柏から戦力外通告。まさか、21歳の若さでトライアウトに参加することになるとは思ってもいませんでした。

でも、どん底に落ちる苦しい経験をしてきたからこそ余計なプライドを捨てることができました。ＡＣ長野パルセイロでは、自分に求められていることは何か、チームのためにできることは何かを常に考えて行動しています。若手がチームに溶け込みやすいように積極的に声をかけ、試合に出なくても劣勢で重苦しい雰囲気ならベンチで盛り上げる。勝ったら応援してくれたサポーターが気持ち良く帰路に就けるように、一緒に喜びを分かち合う。

そもそもサッカーは仲間同士が、互いの良さを出せるように助け合うスポーツ。自分の居場所を求めることは大切です。その一方で、求められる存在になろうと努力することも同じように大切だと感じています。

プロ5年目。2年連続で同じチームで戦うのは今季が初めてです。パルセイロでプレーできて本当に幸せです。

【すぎい・はやて】 J1柏の育成組織から2019年にトップチームに昇格し、19歳でプロデビュー（当時J2）。いずれも育成型期限付き移籍で20年にJ2金沢、21年にJ3鳥取でプレー。AC長野に完全移籍した22年は27試合に出場し、5アシストをマークした。DF。22歳。千葉県出身。

（2023年4月21日掲載）

C長野 **3-0** 松本大

4.23 サンプロアルウィン

サッカーの第103回天皇杯全日本選手権県予選を兼ねた第28回県選手権（県サッカー協会主催、信濃毎日新聞社共催）準決勝は、AC長野が松本大に快勝した。決勝は2年連続でAC長野—松本山雅のJ3同士の一戦に決まった。

準決勝から登場した長野は直近のJ3リーグ戦から先発の半数を入れ替えて臨み、松本大を圧倒。シュタルフ監督は「選手たちがいつも通りに集中して作戦を遂行してくれた」と満足そうにうなずいた。

前半2分、J3開幕直前のけがで出遅れていた近藤が「仕掛ける意識だった」と武器のスピードを生かして右サイドを突破し、先制点を演出。挑戦者として臨む大学生の出はなをくじくと、その後は押せ押せムードだ。2点リードで迎えた後半19分、左CKに反応したのは佐古。身長193センチの高さを生かして豪快に頭でたたき込み、勝利を決定づけた。

先発した佐古は、今季のJ3は途中出場で3試合。「ベンチを温める時間が長かったけれど、準備はしてきた。自分の『色』（強み）は出せたと思う」と胸を張った。

松本山雅と激突する5月7日の決勝戦までJ3戦を含めて8日間で3試合をこなすタフな日程が待つ。総力戦で臨むシュタルフ監督は「連戦もあるので、このタイミングで（多くの）選手にプレー機会を与えられたことはプラス」と収穫を口にした。

前半30分、西村（6）が2点目を挙げる

層の厚さ示して 松本大を圧倒

後半19分、頭でチーム3点目のゴールを決める佐古(35)

第8節 4.30.Sun 長野Uスタジアム(HOME)

長野 2-3 福島

勝ち点14

後半13分、福島に同点ゴールを決められ、悔しがる(左から)藤森、杉井、秋山、宮阪、佐古。この4分後、逆転弾を許す

「魔の2-0」から3失点で首位陥落

福島に逆転負けし、連勝は3でストップ。勝ち点14のままで、前節の首位から4位に後退した。

AC長野は前半14分、三田のスルーパスに抜け出した山本が先制点を奪い、同34分には杉井の左クロスを船橋が右足で決めて追加点を挙げた。しかし、後半5分にカウンターからオウンゴールで1点を返されると、同13分、17分にはいずれも自陣右サイドを崩されてクロスから連続失点した。

ゲーム読む力、監督が欠いた

シュタルフ監督 (今季初の逆転負けで連勝は3でストップ)「今節を1位で迎えられ、前半はそれにふさわしい戦いができたが、後半は全くふさわしくない展開になってしまった。2点リードをたやすくひっくり返され、力不足を痛感させられた。交代カード1枚で試合の流れが変わってしまい、監督の自分がゲームを読む力を欠いていた。それがすべて」

池ケ谷 (4試合ぶりの失点)「カウンターから失点した1点目はもう少し守備のリスク管理を徹底して前に運ばせないようにすべきだった。2、3失点目は背後のスペースを消せるように(味方同士で)もっと声をかけ合う必要があった」

山本 (今季2点目となる先制ゴール)「(DFの背後を突くのは)チームとして狙っていた形だった。でも、勝ちたかった。コンスタントに得点できるように頑張りたい」

船橋 (4試合ぶりとなる今季2点目を挙げ)「左からクロスが入ってきて自分の前で三ちゃん(三田)がいい位置で競り合ってくれたので得点につながった。もう一度全員で同じ方向を向いて連戦を乗り切りたい」

交代策が裏目に…

「二兎を追う者は一兎をも得ず」。4日間で福島、岩手と戦う2連戦に向かう心境を問われたシュタルフ監督は、一戦必勝の覚悟を口にしていた。しかし、前半を2点リードで折り返して試合を掌握した時、指揮官の心が揺れ動いた。

右ウイングバックで存在感を放っていた船橋をベンチに下げ、後半から藤森を投入。今季はいずれも途中出場で2試合しかピッチに立っていない26歳のアタッカーの奮起に期待する一方、「疲労が蓄積した船橋を(故障で)失いたくなかった」という思いが働いた。

連戦を考慮して下した判断が潮目を変える。後半5分に1点を返されると、その後も藤森の背後のスペースを突かれ、13分、17分にクロスから立て続けに失点。13分間で3失点という悪夢のような逆転負けで勝ち点3がこぼれ落ちた。

「連勝しているチームの波に乗って、自分もアピールしなければと思ったけれど、それが裏目に出たのかな…」と藤森。ただ、シュタルフ監督は「監督の自分がゲームを読む力を欠いていた。(交代が)機能しなかったのは自分の責任。藤森に申し訳ないことをした」とかばった。

天皇杯全日本選手権の切符をかけた7日の県選手権決勝、13日のJ3リーグ戦と2週連続で松本山雅と戦う「信州ダービー」が待つ。周囲は盛り上がりつつあるが、まずは中2日で臨むアウェーの岩手戦で勝ち点3をつかみ、再び立ち上がれるか。J3は混戦が続き、先は見えない。ならば目の前の勝負に全力を注ぐしかない。

節 5.3.Wed いわぎんスタジアム(AWAY)

長野 4-1 岩手

点17

過密日程 逆襲狙い4発

後半８分、右足で２点目のゴールを決める進

守備で奮闘する(左から)音泉、砂森。右後方は佐古

岩手に４－１で大勝し、２試合ぶりの勝利で勝ち点17は暫定３位につけた。

AC長野は前節から先発５人を入れ替え、GK金珉浩（キム・ミノ）と近藤が今季初スタメン。砂森が４試合ぶりに先発復帰し、進が２トップに入る３－５－２で臨んだ。

長野は前半９分に進が左足でボレーシュートを決めて先制。後半３分にオウンゴールで追加点を得ると、同８分には前線で奪ったボールから進が３点目を決めた。同24分、岩手にミドルシュートを決められたものの、同36分にパスカットした三田がそのままゴール前に運んで左足で４点目を奪って突き放した。

守備は我慢、最後まで集中

AC長野は逆転負けした4月30日の福島戦から中２日、長距離移動というハンディを背負っての一戦。しかし、「何としてでも前節のホームで後押ししてくれたサポーターの期待に応えたい」（シュタルフ監督）という強い覚悟が全員に宿っていた。

疲労が蓄積した状態だからこそ一撃必殺のカウンターを狙う作戦に徹した。それだけに、守備で我慢強く耐えられるかがポイントだった。相手を自陣に引き込むため、岩手の両サイドバックから得意のクロスが次々と入る。それでも、今季初先発となった身長192センチのGK金が「プレッシャーはあったけれど、そこで力を発揮するのがプロ」と好セーブで味方を鼓舞した。

狙いがはまり、進の２得点などで３点リードに成功したが、後半24分に１点を返される。福島戦の悪夢が脳裏をよぎるかと思われたが、失敗は教訓に変わっていた。「２度と同じことを起こさない」と、193センチのセンターバック佐古を中心に最後まで集中力を切らさなかった。まさに肉を切らせて骨を断つ一戦いだった。

昨季は敗色濃厚になるとスタジアムも消沈ムードになったが、福島戦は逆転されてもサポーターの応援の熱気は衰えなかった。「サポーターはわれわれ（チーム）を信じ始めている。でも、J2昇格に向けて本当の信頼を得る必要がある」とシュタルフ監督。それを勝ち取るために、２週連続で戦う「信州ダービー」に挑む。

悔しさを糧にした

シュタルフ監督「(福島に逆転負けした) ３日前は多くの人の期待を裏切って首位と勝ち点３を失い、その後半45分間と今節までの２日間は苦しかった。でも、その悔しさがエネルギーを振り絞る要因になったと思う。相手の強みを消す作業を選手が徹底し、カウンター狙いもはまった。(２週連続で松本山雅と戦う県選手権決勝とリーグ戦は) チャレンジャー精神の思いを強く持って戦いたい」

進（２試合ぶりに先発し、先制点を含む２ゴール)「１点目は翔真（音泉）が粘ってボールを送ってくれて、こぼれ球を振り抜けた。２点目も貴司君（近藤）がいい守備をしてくれたので決められた」

近藤（今季リーグ戦に初先発し、３点目をアシスト)「後半は守りを修正し、相手の質も低かったので（ボール奪取から）得点につながった。もっとやれる部分はあったけれど、勝てて良かった」

信州ダービー第1幕　AC長野が15年ぶり歓喜

後半20分、先制ゴールを決めた近藤（中央）をチームメートがたたえる

第28回県サッカー選手権の決勝（５月７日・松本市サンプロアルウィン）は、AC長野が１－１からのPK戦で松本山雅を制し、２年ぶり10度目の優勝を飾った。

両チームの決勝カードは２年連続。共にJ3リーグ戦から中３日で臨んだ。AC長野は今季初先発のメンバーも起用し、松本山雅は主力中心の布陣だった。

前半はAC長野が堅守速攻でゴールを脅かし、松本山雅はロングボールで守備ラインの背後を狙ったが、互いに得点がないまま0-0で折り返した。

後半20分、AC長野は左サイドの杉井からの折り返しを近藤が左足で決めて先制。３分後、松本山雅は右CKから野々村が頭で押し込んで同点とした。

延長戦でも互いにチャンスを生かせず、PK戦に突入。松本山雅は２人目の田中がGK金珉浩に止められ、AC長野は５人全員が決めた。

公式戦でAC長野が松本山雅に勝ったのは、北信越リーグ１部で戦った2008年以来。

AC長野 **1 - 1** 松本山雅

延長 0-0（PK 5-4）

5.7 サンプロアルウィン

PK戦、大野が古巣相手に燃えた

歴史の針は再び動くのか—。宿敵を相手に15年ぶりの勝利を懸けたPK戦。松本山雅の２人目が失敗し、AC長野の５人目のキッカーを託されたのは大野だった。昨季まで在籍した松本山雅のサポーターの大ブーイングにも「それを黙らせるためにここに来た。最後に自分が決めることが、最高のストーリー」。強い決意で真ん中に蹴り込むと、ピッチに歓喜の輪ができた。

壁を乗り越えようとする時には、大きなエネルギーがいる。大野を指名したシュタルフ監督は「重圧で萎縮する選手もいれば、気合が入る選手もいる。大野は後者。だから大役を任せた」と説明した。

覚悟を胸に秘めていたのは大野だけではない。８日間で３試合目、J3の岩手戦から中３日という過酷な連戦。主力の疲労を考慮し、先発の大半をリーグ戦で出番の少ないメンバーが占めたが、その選手たちが期待に応えた。

自陣に堅い守備ブロックをつくると、中盤に打ち込まれた縦パスを次々に刈り取る。今季、公式戦初出場のセンターバック高橋は「久しぶりのチャンス。やってやろうと思った」。アタッカーの山中も「力を出せなければ次の出番はない」と相手の背後のスペースを突く。前半は0-0だったが、ほぼ主力で迎え撃った松本山雅と互角以上の戦いを演じたことが、PK戦まで続いた激闘を勝ち切る原動力になった。

リーグ戦でベンチを温める日々の大野は「練習に行きたくないと思った時期もあった。でも、仲間が『おまえの力が絶対に必要になる時がくる』と声をかけてくれて気持ちが切れなかった」と語る。全員の力を結集して挙げた15年ぶりの「信州ダービー」の勝利は大きな自信になる。13日の次戦はJ2昇格に向けてしのぎを削るリーグ戦。物語にはまだ続きがある。

GK金、殊勲

AC長野の守護神が勝利を引き寄せた。勝敗を決するPK戦で、２人目のキックを止めたGK金は「１本止めれば、仲間のみんなは決めてくれると思っていた。最高の気持ち」と照れながら喜びをかみしめた。

J3リーグで今季初先発した３日の岩手戦に続くスタメン入り。先制した３分後の後半23分にCKから失点したものの、同37分には再びCKのピンチを冷静なパンチングで切り抜けるなど、その後も好セーブで味方を鼓舞した。

2019年に韓国・輔仁高からJ1鳥栖に入団し、21年に移籍加入した23歳は「失点は悔しいけれど、チーム全体で１失点に抑えられて良かった。次（13日）はホームで勝ってJ2に上がれるようにしたい」とかぶとの緒を締めた。

PK戦で最後のシュートを決めた大野（手前右）と、好守を見せたGK金（21）の元へ駆け寄る船橋（左）らAC長野の選手たち

PK戦で５人目のキッカーを務め、シュートを決める大野

プラン通り

シュタルフ監督「15年間、（松本山雅に）勝てていないというのはとてつもなく長い時間。そのジンクスを破れたことは大きい。前半からプラン通りに試合を進められた。（J3の）連戦があったので相手の布陣が見えない部分があったが、結果として松本山雅がリーグ戦に出ているメンバー中心だったことで分析などの準備が当てはまった。次のリーグ戦は松本山雅も目の色を変えてくると思うが、（信州ダービーで）２連勝したい」

佐藤「（J3の）リーグ戦で出場機会の少ない選手たちが攻守で思い切りよくプレーしていたのが大きかったし、結果が出たこともプラス。でも（90分間で）クリーンに勝っていないので、次のリーグ戦での対戦も強い覚悟で勝ちにこだわりたい」

近藤（後半20分に左サイドの崩しから先制ゴール）「いいところで決められたし、イメージ通りだった。（ここまで無得点の）リーグ戦でもゴールやアシストを決められるようにしたい」

松本山雅・霜田監督「ダービーなので勝敗が全て。負けたことは真摯に反省しなければいけない。イージーなミスが多く、相手陣に入ったところで（ボールを）取られてしまった。負けたけれど、いろんなことが収穫になった。これを次のリーグ戦（13日のAC長野戦）につなげていきたい。下を向いたまま戦うことには絶対にならない」

PK戦で松本山雅２人目・田中（左）のシュートを止めて喜ぶ金

ライバルかつ最高の仲間

ORANGEの志 ③

シュタルフ悠紀監督の熱い思い

序盤戦の結果はいまひとつだったが、第5節からクリーンシート（無失点）で3連勝し、7日の県選手権では松本山雅から15年ぶりの勝利を挙げた。取り組みに手応えはあったが、それが結果に表れ始め、自信を深める好循環が生まれている。何より、全員が一体感を持って「ワンチーム」として戦えている。それが好調の原動力になっている。

厳しいリーグ戦で勝利を積み重ねるためにはワンチームの力が必要だ。Jリーグは過密日程を考慮し、2020年から交代枠を3人から5人に増やした。交代でフレッシュな選手がピッチに立つことで、試合全体のプレー強度が上がって展開も面白くなる。監督としては選手にチャンスを与える機会が増え、ファン目線では、応援する「推し」の選手のプレーを見られる確率も上がる。ポジティブな要素しかない。

ただ、真剣勝負の中での選手交代は、スピーディーで的確な判断が要求される。僕自身は、事前に数十通りの試合展開をシミュレーションした上でベンチ入りの18人を選ぶ。そして実際の試合の流れを見て交代カードを切る。第5節のYS横浜戦では後半16分のFKに西村が合わせて決勝点を奪ったが、あのタイミング（同15分）で西村の投入を決めたのはFKを得てから。セットプレーの時に交代選手が入ると、相手の守備はマークの確認などで少しばたつく。さまざまな効果があって生まれたゴールだった。

成功例ばかりではない。第8節の福島戦は選手交代で流れが変わり、逆転負けを喫した。大型連休でスケジュールが異なり、3日後に第9節の岩手戦を控えていたこともあり、普段は行わない交代をしたことがあだとなった。その教訓を生かして岩手戦は勝てたが、僕自身も監督として成長スピードを加速させなければいけないと、改めて実感した。

今季はベンチから外れたバックアップメンバーを「背後のチーム」と呼んでいる。背後のチームが機能していることで一体感や競争の活性化を生んでいる。特に若い選手にはいろいろなポジションに挑戦させている。プロとはいえ、日本の若手で完成された選手は少ない。ベストなポジションは試してみなければ分からないし、複数のポジションを経験することで戦術の理解が深まり、プレーの幅も広がる。

選手たちには「自分だけの1位」を身につけてほしい。プレー全体の平均値がトップでも生き残れるかもしれないが、それよりも「左足シュートだけはリーグでトップ」というオンリーワンの武器を磨いてほしい。それを身につけることが、プロとして生き残るすべになる。

日々の練習で選手の成長を見つめながら、試合に臨むベンチ入り選手の選考の基準は「目の前の試合に勝てる18人を選ぶ」。それに尽きる。毎週、勝敗という「成績表」が提示される世界で、勝たなければ僕自身の居場所がなくなるからだ。好き嫌いの感情が介入したらチームは崩壊する。「結果を出せば監督は使ってくれる」という軸があるからこそ、選手も監督を信じて戦える。

今のチームの一体感はリーグトップだと思う。「平日（練習）は最大のライバル、週末（試合）は最高の仲間に」。それが今季のAC長野の合言葉だ。

（2023年5月11日掲載）

がんばれ!!
AC長野パルセイロ
AC NAGANO
PARCEIRO
NBS
長野放送
8
チャンネル

信州ダービー第2幕
攻守支配し完勝

前半32分、ヘッドで先制のゴールを決める秋山（3）

先制点を決めた秋山（中央）が池ヶ谷（左）、佐古（右）と喜び合う

後半34分、ゴール前に詰めた山本が、杉井からの左クロスに合わせて２点目を決める

第10節 5.13.Sat 長野Uスタジアム(HOME)

長野 **2-1** 松本
勝ち点20

AC長野が松本山雅との県勢対決を制した。首位の奈良が敗れたため、2連勝で勝ち点20に伸ばしたAC長野が暫定首位に浮上した。

リーグ戦では今季初の対決。J3で今季の最多となる1万2458人が来場し、両チームの意地がぶつかり合った激闘に熱い声援を送った。

AC長野は三田、佐藤、杉井が2試合ぶりに復帰し、7日の県選手権から7人を入れ替えた。試合は立ち上がりから長野ペース。前半32分、左CKのサインプレーから船橋のクロスを秋山が頭で決めて先制した。

後半34分には、杉井の左クロスを山本が左足で決めて追加点。後半48分にGK金珉浩のキャッチミスを松本山雅の小松に決められたが、リードを守り切った。

地に足つけ戦っていく

シュタルフ監督「スコアは2-1だけど、(点差が)5、6点離れても不思議ではなかったし、相手にほとんどチャンスを与えないゲームができた。(松本山雅に)勝てないというジンクスを破れたことが大きい。ただ、決定機を決め切る力など、もっと磨いていかなければいけない。まだまだ、われわれは弱い。地に足をつけて戦っていきたい」

秋山主将「出場機会の少ない仲間が県選手権決勝で頑張ってくれて、自分たち(主力)も負けられないという思いだった。あの勝利があってチームの一体感が強くなった。重圧はあったけれど、勝ててほっとしている。J2昇格に向けてこれからが本当の勝負」

山本(後半34分に追加点)「颯(杉井)がいいボールをくれたし、味方も相手GKとDFを引きつけてくれた。信州ダービーに勝つのはうれしいし、その一員になれて誇らしい。これからも目の前の一試合に全力を尽くして上位に食らい付いていきたい」

佐藤(28歳の誕生日に勝利)「最高の一言。1点取られたけれど(内容は)終始、うちのゲームだった。貴司君(近藤)との距離感が良く、チャンスをつくれた。これで満足しないように上(優勝、J2昇格)に行けるようにしたい」

佐古(センターバック左で守備に貢献)「(パスを入れられても)自分が相手をつぶすことで守備に安定感を出せたと思う。相手の強みの空中戦でも力を発揮できた。きょうは長野をオレンジ色に染められた」

後半、強烈なシュートで果敢にゴールを狙う佐藤

大声援を背に集中力「ワンチーム」体現

松本山雅から公式戦15年ぶりの勝利を挙げた7日の県選手権決勝。出場機会の少ないメンバー中心で歓喜する姿をスタンドから見つめたAC長野の宮阪は「(主力の)俺たちにだってできないはずはない」と火が付いたという。そのチーム最年長33歳のキックが試合を動かした。

前半32分に左CKを得ると、キッカー宮阪は「相手はニアサイドを固めていたので、まずは隙間をつくる」とショートコーナーを選択。ライン際の佐藤にパスし、ペナルティーエリア付近でボールを受けた船橋がクロスを入れると、中央で待っていた秋山が「仲間を信じて何も考えずに飛び込んだ」と頭で合わせて均衡を破った。

このゴールで主導権を握ったAC長野の選手たちは攻守で躍動。出足鋭い守備でピンチの芽を摘み、攻撃も空いたスペースに次々と飛び込む。終了間際のミスで1点を返されたが、最後までライバルを圧倒した。

〝特別な戦い〟と言われながらも実績では長く後塵を拝してきた。J1まで上り詰めた松本山雅に対し、AC長野は過去9年間、J3でくすぶり続けてきた。運営規模、観客動員数ではいずれも大きく水をあけられている。かつて松本山雅に在籍した宮阪は「正直、『パルセイロに負けるわけがない』と思っていた」と明かす。

ただ、シュタルフ監督は「選手、サポーター…。AC長野に関わる一人一人が何人分もの力を発揮すれば、その差は覆すことができる」と強調する。大声援に後押しされ、集中力を研ぎ澄ました90分間の戦いは、まさに指揮官が掲げる「ワンチーム」の戦いだった。

松本山雅からの勝利を「小さなミラクル」と表現したシュタルフ監督は「まだまだ、シーズンは山あり谷あり。でも、この一戦のような小さなミラクルを積み重ねていくことが大きなミラクルにつながる」。大きな自信を胸に、悲願のJ2昇格に向かって走り続ける。

試合後、スタンドのサポーターと勝利に酔いしれる杉井(手前左)、佐藤(同右)らAC長野の選手たち

長野 2-0 ラランジャ京都
5.20 サンプロアルウィン

後半に本領発揮 初戦を突破

後半37分、右CKに頭で合わせて２点目のゴールを決める西村

第103回天皇杯全日本選手権（日本サッカー協会、Ｊリーグ主催、共同通信社、NKH共催）の１回戦、県代表で２年ぶり11度目出場のAC長野はラランジャ京都（関西２部）に２-０で勝ち、２年ぶりに初戦を突破した。

AC長野は３バック中央に大野、２トップに山本が入る３-５-２の布陣で臨んだ。前半22分、宮阪の右CKに山本が頭で合わせて先制した。その後は守備のミスや最終ラインからのボール回しが停滞。京都に決定機をつくられたものの無失点で前半を折り返した。後半途中に前線のメンバーを入れ替えてハイプレスから流れを引き寄せると、同37分に安東の右CKを西村が頭で決めて２点目を奪い、突き放した。

追加点呼ぶ猛烈プレス

これがトーナメント戦の天皇杯を戦う難しさか。AC長野は幸先よく先制しながら関西２部で戦う「格下」の逆襲を受けて前半の終盤には肝を冷やす場面も。煮え切らない戦いぶりにシュタルフ監督は、ハーフタイムに「勝っているのはいいが、強度や気迫が全く足りない」と活を入れた。

これでスイッチが入った。ラランジャ京都のパスワークは想定した以上に洗練されていたが、「そもそも前半は相手に合わせてしまっていた。球際の強度や寄せるスピードでギアを上げる」（西村）。

後半は出だしから猛烈なプレスを浴びせて再び流れを引き寄せると、指揮官が動く。「一気に（前線を）代えることでプレス全体の強度が上がる」。同16分に森川ら４人を投入し、同32分に山中を送り出す。すると、５分後に好機到来。山中のボール奪取から右CKを得ると、西村が豪快なヘディングをたたき込み、勝負を決定づけた。

カテゴリーが異なるチーム同士の対戦が多い天皇杯は、失うもののない挑戦者に徹する格下がしばしば番狂わせを起こす。シュタルフ監督は「（受けに回る側でも）自分たち自身で闘争心を引き出すことが大切。後半はそれができていた」とうなずいた。

悲願のJ2昇格を目指すJ3では首位に立つ。挑戦者として向かってくるライバルたちを闘争心で上回れるか。天皇杯でつかんだ２年ぶりの勝利から学んだことを忘れてはいけない。

タフで難しい戦い

シュタルフ監督「タフで難しい戦いだったが、選手たちが集中してパフォーマンスを発揮してくれて無失点、複数得点で勝てて良かった。後半の選手交代でプレス強度が上がり、狙い通りパワーアップしてくれた。もう１点取る必要があった中でギアを上げられたと思う」

秋山主将「前半は自分たちのポジショニングが悪く、相手もボールを回すのがうまく、失点してもおかしくない場面はあった。それでも結果として（無失点で）勝てたことは評価できる。暑い中での戦い方も含めて課題を見直し、次戦に向けてやっていきたい」

第11節 5.28.Sun 愛鷹広域公園多目的競技場(AWAY)

長野 0-1 沼津

勝ち点20

攻め込む相手FWと体を張って競り合う佐古(右)

翻弄され痛恨黒星 首位陥落

前節首位に立ったAC長野は沼津に0-1で競り負け、3試合ぶりの黒星で2位に後退した。

長野は前節から先発2人を入れ替え、3試合ぶりにスタメンの西村が2列目の右、山本が2トップに入る3-5-2で臨んだ。

前半、守備ブロックをつくってカウンターを狙ったものの、沼津のパスワークに対応できず、決定機をつくられた。後半も沼津に主導権を握られ、同23分に自陣左サイドに進入した沼津の安在に先制ゴールを許した。長野は終盤、ロングボール主体でゴールを狙ったが無得点に終わった。

外―内―外、変化に対応できず

相手にボールを持たせるのか、持たれるのか―。鋭いカウンターを武器とするAC長野にとって能動的なプレーを意味する前者であればゲームを支配することを意味するが、首位固めを狙った重要な一戦で待っていたのは、後者の展開だった。

自陣に相手を誘い込み、ボールを奪い取る算段だったが、中盤が流動的に位置を変えながらパスをつないだ相手に翻弄された。特にサイドで数的優位をつくられ、奪いに出ていけば内にパスを通され、内を固めればサイドを突かれる悪循環。宮阪は「ボールを奪うタイミングで奪えず、(守備)ラインを下げてしまった。相手の変化に対応しなければいけなかった」と悔やんだ。

ボールを奪っても、前線に送るパスの精度を欠いてゴールに迫れない。シュート数は沼津の20本に対してわずか3本。GK金珉浩の好セーブで懸命に耐えたが、後半23分、ついにゴールをこじ開けられた。

今季、首位で臨んだゲームは第8節の福島戦に続いて2度目だ。当時19位だった福島に痛恨の逆転負けを喫した「その時」の反省を生かして臨んだが、またしても首位固めに失敗した。今回も足をすくわれた形で、守備に奔走した池ケ谷は「(今季のJは)下位が弱いわけじゃない。でも、僕らも圧倒的に強いわけじゃない。もっとレベルアップしなければいけない」と言葉を絞り出した。悔しい敗戦を成長の糧にできれば、3度目のチャンスは必ず巡ってくる。

イメージ通りに戦えず

シュタルフ監督「狙っていたカウンターで精度を欠いたり、相手につぶされたりするシーンがあった。ボールを奪った後、イメージ通りの戦いができなかった。首位をキープするのは、首位になる以上に難しい。その力が僕らにはまだなかったということ。でも、最後の38試合目が終わった時には必ず1位になる。そのために『もっと力をつけろ』と今日のゲームが教えてくれた」

秋山主将「前半に関しては相手にボールを持たれても、最後のフィニッシュはしっかり守れていた。でも、後半の失点は少し焦りが出てしまったと思う。(攻撃も)選手同士の距離感が良くなかったし、攻め急いでしまった面もあった」

西村「相手はビルドアップ(攻撃の組み立て)がうまいことを分かって準備してきたが、特に前半はボールの奪いどころが定まらず、押し込まれる時間が長くなってしまった。もっとボールを奪いにいける場面があった」

首位固めを狙いながら沼津に敗れ、うつむき加減で引き揚げるAC長野の選手たち

節 6.4.Sun 東大阪市花園ラグビー場（AWAY）

野 **0-1** FC大阪

20

今季初の連敗

激闘ダービー後、攻撃の呼吸合わず

膠着したゲームが動いたのは後半41分だった。FC大阪の右CKから低く、速いボールが放たれる。「あんなボールが来るとは思っていなかった」とAC長野の秋山。一瞬の隙を突かれて豪快なヘディングで決勝弾をたたき込まれた。

互いに主導権を引き寄せられない混沌とした展開だっただけに、セットプレーの攻防が勝負を分けた。しかし、真の敗因はその流れを生んだ試合運びにある。

AC長野は自陣に引きすぎた前節の反省から、高い位置でのプレスも交える守備を徹底。FC大阪はたまらずロングボールを放り込んできたが、反撃の形を巡って意識のずれが生じた。

「相手も裏に蹴られるのを嫌がっていた。（長いボールの方が）チャンスが生まれる」と秋山。効果的ではあったが、相手が慣れてしまえば淡泊な攻めに陥る。いつしか互いに蹴り合う大味な展開に。船橋は「自分たちの時間帯を長く持つためにも、もう少しボールをつないでもよかった」と振り返り、「その部分が『信州ダービー』の後は少し落ち着いていない」と明かす。

第10節で松本山雅との「信州ダービー」を制したが、激闘の代償は大きい。チームトップタイ4得点の進がけがで離脱。前線の顔ぶれが多少変わり、呼吸が合わないシーンが目立つ。

2試合連続無得点で今季初の連敗。「一生懸命やっていない選手はいない。もっとレベルアップするしかない」と秋山。混戦のJ3で抜け出すためには、危機を成長のチャンスに変えるしかない。

90分間通して上回っていたが

シュタルフ監督（今季初の連敗）「攻め急いでしまう部分で（前節から）改善しきれなかったところもあったが、少なくとも90分間を通して相手を上回っていた。ただ、もう少し自分たちが準備した形で決定機をつくれればよかった。ピッチ状態の影響でボールが走らなかったこともあるが、前節で敗れていたことで選手たちが（心理的に）セーフティーなプレーを選択してしまったかもしれない」

佐古「こういう試合こそ守備陣は無失点で終わらせないといけないし、個人的にはセットプレーが数多くあった中で（ゴールを決めて）違いを見せなければいけなかった。攻守ともに何とかできたという思いが強い」

杉井「アウェー2連戦で負けて悔しい。相手が（長いボールを入れてくる）シンプルな形で、セカンドボールの拾い合いになり、拾ってもうまくマイボールにできなかった。僕らがどこで（ボールを）落ち着かせるか見いだせなかった」

FC大阪・志垣監督「5バックの相手に対して（攻めの）人数を増やすことを意識した。少し大味なサッカーになってしまったが、勝ち点3を取れて良かった」

前半19分、右サイドに攻め込んだ船橋からのクロスに三田が頭で合わせるが、相手守備陣に阻まれる

FC大阪に競り負け、今季初の連敗で勝ち点を伸ばせず、2位から5位に後退した。

AC長野は2試合続けて同じ先発メンバーで、3-5-2の布陣で臨んだ。前半、積極的にロングボールを入れてきたFC大阪に対してカウンターやCKからチャンスをつくったが、ゴールを奪えなかった。

後半15分に逆襲からつくった決定機も不発。その後は前線に音泉や森川を投入してチャンスをつくったものの得点を奪えず、同41分に自陣左からのCKをFC大阪の古川に頭で決められた。

後半41分、自陣左からのCKを、FC大阪のFW古川（左から4人目）に頭で決められる

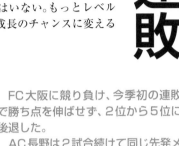

勝利へ、決断重ねる日々

ORANGEの志 ❹

シュタルフ悠紀監督の熱い思い

２０１９年にＹＳ横浜でＪリーグ最年少記録（当時）となる34歳7カ月の監督デビューを果たして5年目になる。これまで多くの監督たちと熱戦を繰り広げてきた。元日本代表の名波浩さん（前松本山雅監督）や中山雅史さん（沼津監督）、Ｊリーグの10クラブを指揮して最多指揮試合数記録（７５６試合）を更新し続ける石崎信弘さん（八戸監督）…。子どものころに憧れた名選手や名将と同じ土俵で戦えるのは光栄であり、不思議な感覚でもある。

感じることや学ぶことはたくさんある。Ｊ１磐田の黄金期を支えた名波さんは試合の流れを的確に読む印象を受けた。昨季は「信州ダービー」で3度戦ったが、「このサイドを攻めてチャンスが生まれている」と攻勢を強めると、交代カードで即座に対応してくるように感じた。ある程度、交代パターンが見える監督もいて「その選手をベンチに下げてくれて助かった」というケースもあるだけに、名波さんとの対戦は正直やりづらさもあった。

石崎さんはチームのスタイルを貫いて勝利を積み上げてきた監督だと思う。その大切さをあらためて実感したのは第11節の沼津戦だ。僕自身は入念な分析で相手の戦術パターンを見極めて対策を立てて臨む。だが、沼津戦では分析した情報を選手にうまく伝えられず、本来の力を発揮できないまま敗れた。情報をもとに相手の強みを消して、弱みを突く戦い方自体はこれからも大切にしていきたいが「自分たちのスタイルをベースにした上で、どう戦略プランを実行するか」。それが成功の鍵を握っていると感じている。

現役時代に名選手だった指揮官は〝ブランド力〟もあるので、選手に伝える言葉に自然と重みが生まれる。一方で、プロ選手として華々しいキャリアのない僕は「選手たちの心に響く言葉で伝える」という部分で試行錯誤した。ＹＳ横浜時代の当初は、野球のイチローさんら選手たちになじみのあるアスリートや著名人の名言を引用して説得力を持たせようとしていた。

ところが、ある日、いまＡＣ長野で一緒に戦っている佐藤（祐太）に「俺には監督の言葉が一番響く。引用しなくても自分の言葉で伝えてくれれば大丈夫です」と言われた。〝借り物〟ではなく、自分の言葉で一生懸命に思いを話せば信念は伝わる。それ以来、できる限り自分の言葉で伝えるようにしている。

サッカーを通して多くのファンに喜びや感動を届けられる監督という仕事には大きなやりがいを感じている。一方で大きな重圧もある。選手起用、交代、練習管理…。選手たちの人生に影響を与える大小の決断を日々しなくてはならない。試合に勝ったとしても出場できなかった大半の選手たちは悔しい思いを抱えている。その気持ちを受け止めながら「ワンチーム」として結束させ、過酷なシーズンを戦い抜かなければならない。

チームを勝利に導く監督になりたい。同時に監督は指導者でもある。「この監督のもとでパルセイロの一員として戦えてよかった」。一番、出場機会の少ない選手にそう思ってもらえる監督でありたい。そう感じてもらえる指導ができているのかー。日々、自問自答しながら選手たちと向き合っている。

（２０２３年６月８日掲載）

節 6.11.Sun 長野Uスタジアム(HOME)

野 1-2 琉球

:20

後半24分、琉球・中野(左から２人目)に勝ち越しゴールを許す

前半14分、船橋(左)のクロスに山本(右)が合わせて先制する。AC長野はその後も決定機を再三つくりながら追加点が奪えず

勝負決める強さ必要

シュタルフ監督「攻撃で主導権を握れていたし、内容は良くなっているが、それを勝ちや引き分けに持ち込めないところが、いまの弱さだと思う。あれだけチャンスをつくりながら１点しか取れないと（判定などの）不確定要素に勝負が左右されてしまう。しっかりと２点目、３点目を取って勝負を決める強さが必要。次戦（天皇杯全日本選手権２回戦）のJ1 神戸戦でもう一度戦う姿勢を発揮し、サポーターの心を取り戻したい」

山本（前半14分に今季４点目を奪う）「勇真（船橋）がいいボールを上げてくれたので、自分も滑り込みながら触ってゴールにできてよかった。（３連敗で）苦しい時こそ、みんなで戦っていけば結果はついてくる」

西村「前節の反省を生かしてビルドアップ（攻撃の組み立て）の時間を長くできた。選手同士の距離感が良かった。でも、追加点を決めていればもっと良かった。内容が悪くなかっただけに悔しい」

手痛い３連敗

琉球に逆転負けし、３連敗で５位から６位に下げた。

AC長野は前節からスタメン２人を変更。今季初先発の森川が２列目左、４試合ぶりに先発復帰した音泉が２列目右に入る３－５－２で臨んだ。

前半14分、船橋の右クロスに山本が左足で合わせて先制。しかし、同44分にパスミスからショートカウンターに遭い、PKを与えて同点とされた。後半24分にもカウンターから決勝点を許して逃げ切られた。

先制後の決定機不発、逆転許す

逆転を信じるサポーターの声援が最後まで途切れなかったのは、得点の気配が漂っていたからだろう。鮮やかなワンタッチパス、鋭いクロス…。AC長野は一時首位に立った時のような強さを取り戻したかに見えたが、待っていたのは敗北という結末だった。

今季初の連敗となった直近２戦は、リスク回避の思考に傾いてロングボールを選択するなど、攻めの姿勢を見失っていた。だが、この日はリスクを冒してでも前進する勇気があった。「今まで（チームとして）やってきたことを出せていた」とセンターバック秋山。中盤で守備ブロックを固める琉球に対し、前線の三田や山本が献身的な動きでパスコースをつくり、最終ラインから次々に縦パスが打ち込まれる。攻撃の主導権を握ったことが山本の先制点を生み出した。

しかし、その後は再三の決定機を生かせない。勝負を決められないまま、安易なファウルやカウンターから２発を浴びて試合をひっくり返された。

第10節の松本山雅との「信州ダービー」では攻守で結束して会心の勝利をつかんだが、その後は３連敗。上位陣も勝ち点が伸び悩み、それでも首位と勝ち点４差に踏みとどまれている状況は幸運でしかない。「やっていることは間違っていない。でも、最後の（プレーの）質をもっと上げていかなければいけない」と秋山。信州ダービーで見せた強さを超えるチーム力を身につけなければ、混戦のJ3を抜け出すことはできない。

AC長野 **1-3** 神戸

6.14 ノエビアスタジアム神戸

J1神戸に一矢報いる

紙一重だった

シュタルフ監督「紙一重のゲームだったと思うし、勝てたゲームだったと思う。相手がどういうメンバーで臨んでくるか分からなかったが、分析通りに整理したビルドアップ（攻撃の組み立て）で弱点を突けた。県代表として恥じない試合ができたと思う。この経験を（J3リーグ戦の）鹿児島戦に持ち込んで、公式戦の連敗を４でストップしたい」

西村（前半46分に右CKからゴール）「前日のセットプレー練習から狙っていた形だった。直前にも同じような形があったので、決められて良かった。良いイメージを持てたし、リーグ戦の連敗ストップに向けて良い刺激になった」

大野「前半のプレーはJ1相手でも戦えると確信できる内容だった。でも、90分間、それをやり続けられるようにしなければいけない。こういう舞台では、普段以上のプレーが出る。この熱量を普段の練習から出せるようにしたい」

神戸・吉田監督「天皇杯の初戦は毎回難しい。今日も難しい試合になったが、選手はしっかり戦ってくれた。AC長野は攻守にアグレッシブで非常にいいチームだった」

再三の好機　敗れても収穫

過去にFC東京、名古屋、札幌といった格上を破る「ジャイアントキリング」果たしてきたAC長野。J1神戸に真っ向勝負を挑んだシュタルフ監督は試合後、ばしの沈黙の後に「勝てるゲームだったと思う」と悔しさをにじませた。

手応えをつかんだのは前半だった。神戸の強烈なプレス網にも果敢にチャレジした。14分には最終ラインからの縦パスを起点にゴール前に安東が抜けるど、相手の守備網を揺さぶって再三、好機をつくった。セットプレー以外の好機ものにできず、後半に元日本代表の大迫や武藤を投入した神戸と地力の差は明だったが、シュタルフ監督は「神戸サポーターにもJ3のチームもなかなかやると思ってもらえたかな」とうなずいた。

J3では３連敗中と不振が続く。それでもリーグ戦８戦未勝利の状況で迎えた2021年の天皇杯２回戦では、J1川崎戦にPK戦の末に惜敗。そこから怒濤の４連と息を吹き返した。当時、出場した秋山は「控え中心の布陣であれだけ戦えたこが自信になり、チーム内に切磋琢磨が生まれた」と語る。

受け身に回らず勝負したからこそ収穫が得られる。リーグ戦で出場機会の少い原田は「自信がついたし、もっとやれると感じた。きょう出てないメンバーに伝え、このプレーを普段の練習からやっていきたい」。結果が全てのプロの世界はあるが、再浮上のきっかけをつかむには価値ある敗戦になったのではないか。

前半終了間際、AC長野は西村（左から２人目）が右CKに頭で合わせて１点を返す

第103回天皇杯全日本選権の２回戦で、県代表のAC野は神戸（J1）に敗れた。

AC長野は直近のリーグから先発７人を入れ替えた。終ラインは高橋、大野、佐古起用し、２トップに高窪と音が入る３-５-２で臨んだ。神は斉藤、初瀬、本多ら主力を用したが、直近のリーグ戦かは先発６人を入れ替えた。

AC長野は前半12分に自右CKからハンドで与えたPで先制されると、29分にも陣右からのCKを神戸のリンコンに頭で合わされて追加を許した。46分に右CKを村がヘディングで決めて１を返したが、後半19分に神の汰木に自陣右サイドを突されて３点目を奪われた。

鹿児島のゴール前で、相手選手と競り合う佐古（中央左）、山本（同右）

クラブ初の４連敗

勝ち点１にもならず悔しい

シュタルフ監督「（勝利と）紙一重の敗北だった。通用している部分は通用しているし、勝ってもおかしくないゲーム。それでも勝ち点１にもならず悔しい。後半は逆転できるようなシーンがたくさんあった。一つでも（ゴールが）こちらに転がっていれば、たぶん違う結果になっていたと思う。その一つを自分たちの力で二つ、三つと出せるようになると、勝ったり、勝ち点を拾ったりしていけると思う」

原田（後半20分から出場し、同点ゴールをアシスト）「ピッチの外から見ていた時に（スペースが）空いている部分は分かっていたので、ドリブルで運ぶことは意識した。ただ、良い流れの中で（決勝点を与えて）もったいなかった」

後半24分、安東が右足を振り抜き、同点のゴールを決める

紙一重、もったいない最後

逆転を狙った後半26分の進のヘディングシュートはクロスバーにはじかれ、同34分の船橋の強烈なシュートもバーの上に。２位の鹿児島との戦いは、シュタルフ監督が「紙一重の勝負」と語ったように、小さな差が明暗を分けた。

AC長野は立ち上がりから猛烈なハイプレスを仕掛けた。「急襲」で流れを引き寄せかけたが、鹿児島も冷静にサイドの空いたスペースを突いて対応。がっぷり四つの力比べが始まった。

暗転したのは前半28分だ。GK金珉浩のパスからスタートしたビルドアップ（攻撃の組み立て）で、バックパスしようとした三田が痛恨のミス。それを五領に拾われて、あっけなく先制された。

後半24分に今季リーグ戦初先発の安東が「前（のスペース）が空いたので思い切って打った」とミドルシュートを突き刺して試合を振り出しに戻したが、逆転弾が遠い。

そして同44分、こぼれ球をペナルティーエリアの外から豪快に射抜かれて万事休す。ブロックしようとした安東は「もっと予測してコースに寄せればよかった」と悔やんだ。

試合前、連敗について「（組織力の）質は高いと思う。ただ、ボールへの寄せや球際の強さ。一人一人の細かな質が足りない」と語っていたシュタルフ監督。J3に参戦して10年目にして４連敗は初めて。決定機で仕留められなかった進は「惜しいでは駄目。勝たなければいけないゲームだった」と責任をかみしめた。

「スナの力に」古巣からも思い

砂森が急性白血病の診断を受けた娘の看病のために活動を休止するという前々日の発表を受け、砂森が昨季まで在籍した鹿児島の選手や監督が思いを語った。

ＡＣ長野のシュタルフ監督は「サッカーのことは考えられない状況なのに、昨夜『鹿児島戦で僕にできることがあれば聞いてください』とメッセージを入れてくれた」と明かし、「僕らがしっかり戦わなければいけない」と号泣。鹿児島で４年間一緒にプレーした五領は「スナ（砂森）はファミリーのような存在。何か力になれることがあればいい」と語った。観客席には砂森の背番号「48」とともにメッセージが掲げられた。

AC長野のベンチに飾られた背番号48、砂森のユニホーム

第14節 6.18.Sun 長野Uスタジアム(HOME)

長野 **1 - 2** 鹿児島
勝ち点20

後半、鹿児島のFKに、壁をつくって自陣ゴールを守るAC長野の守備陣

鹿児島に終盤、決勝点を許し、クラブ初の４連敗を喫した。勝ち点を伸ばせず、６位だった順位を８位に下げた。

ＡＣ長野は前節から先発２人を入れ替え、今季初スタメンの安東が２列目右、２試合ぶりに先発した佐古が3バックの左に入る３—５—２で臨んだ。

長野は立ち上がりにハイプレスをかけてペースをつかみかけたが、前半28分に三田のバックパスを鹿児島の五領に奪われて先制された。後半24分に安東のミドルシュートで追いついたが、同44分に相手シュートのこぼれ球を鹿児島の木村に決められて勝ち越された。

第15節 6.24.Sat ミクニワールドスタジアム(AWAY)

長野 **1 - 1** 北九州
勝ち点21

北九州と引き分け、連敗を４で止めたものの５試合連続未勝利となり、８位から10位に後退した。

AC長野は前節から先発３人を入れ替えた。２試合ぶりに先発復帰した宮阪がアンカーに入り、近藤が２列目右、進と安東が２トップを組む3-5-2で臨んだ。

長野は中盤からのショートカウンターを狙ったが、両サイドに起点をつくられて押し込まれた。前半42分、北九州の野瀬にペナルティーエリア内への進入を許し、先制された。後半20分に佐古や原田ら同時に４人を投入して流れを引き寄せると、同41分の左CKを山本が頭で決めて同点とした。

後半41分、左CKから同点ゴールを決め、両手を広げて喜びを表す山本

勝ちにいく姿勢で連敗止めた

シュタルフ監督「負けていてもおかしくない試合で、追いついて連敗をストップできたことが全て。守りの姿勢ではなく、勝ちにいく姿勢で連敗を止めることができた。（後半の５人交代は）攻めに出ないといけないし、ボールを動かすテンポが少し足りなかったので、そのメッセージを選手に持たせた。得点は山本の１点だけだったが、『ゴールの匂い』はしていた。交代選手の効果はあった」

山本（後半41分に同点ゴール）「自分の役目はニアサイドに来たボールを仕留めることだった。いいゴールを決められて良かった。ただ、１点じゃ勝てない。（チームとして）２点目を取れるようにならなければいけない」

秋山主将「連敗はストップできたけれど、勝てる試合だった。終盤のような迫力ある攻撃がもっと出せていれば…。でも（連敗中は）ペナルティーエリアに向かってドリブルしたり、強引に仕掛けたりする姿勢が足りなかったと思う。そこを感じられたことは進歩だと思う」

終盤追いつき 連敗ストップ

流れを呼んだ交代策

最下位に沈んでいた北九州から勝ち点３を奪えない現実が、苦しいチーム状況を物語っているとはいえ、大きな一歩には違いない。引き分けに持ち込み、チームワースト記録だった連敗を４でストップ。シュタルフ監督は「連敗を止められたことが全て」と言葉を絞り出した。

ゲーム全体を振り返れば手放しで褒められる内容ではなかった。立ち上がりこそテンポよくボールを動かしたが、北九州が中盤まで引いて守備ブロックをつくると途端に停滞。守備でも中盤のプレスでボールを奪いきれず、サイド深くまで進入されて先制点を失った。

潮目が変わったのは、佐古や森川ら４人を一気に投入した後半20分からだった。佐古が「ウイング（森川と音泉）をシンプルに使っていこう」と最終ラインからロングパスを通すと、森川は「ゴールに向かう姿勢で勢いをつけたかった」と果敢なドリブル突破でチャンスメーク。押し込む状況を何度もつくり出したことが、山本の同点弾を生む左CKにつながった。

「選手交代で（攻めの姿勢の）メッセージを送ることはできるが、ピッチ上の選手たち自身が相手に順応してゲームコントロールする力をつけなければいけない」とシュタルフ監督。５試合ぶりの勝利はお預けとなったが、勝ち点３をつかむためのヒントは得た。まずはゴールに向かう、１対１で競り勝つ、体を張って相手を上回る…。必死に駆けずり回る者にこそ、ゴールや勝利が巡ってくるはずだ。

今季最多の4失点

ホームで今治に0-4で大敗し、順位を10位から暫定12位に下げた。

AC長野は前節から先発5人を変更した。今季初先発の原田が右ウイングバック、音泉と近藤が2列目に入る3-5-2で臨んだ。長野は前半9分、今治のドゥドゥにゴール前に進入されて先制点を決められた。同22分にもドゥドゥに追加点を許すと、後半は宮阪や佐藤を投入したが流れを変えられず、同16分にFKの流れから3失点目。さらに同25分にドゥドゥにハットトリックとなるボレーシュートを決められた。

後半25分、今治のドゥドゥ（左から２人目）にハットトリックとなるゴールを許す

再びの悪夢 2戦続けて4失点

前半、八戸のMF姫野と競り合う池ケ谷（左）＝東奥日報社提供

第16節 7.1.Sat 長野Uスタジアム(HOME)

長野 **0-4** 今治

勝ち点21

前半9分に先制を許した後、右CKに山本が頭で合わせたが決まらず、芝生をたたいて悔しがる

プレーの軽さが失点に

シュタルフ監督「大敗は情けない。失点は（プレーの）軽さが出たと思う。（引き分けた）前節の最後にチームに勢いをもたらした選手にチャンスを与えてスタート（先発）を替えて臨んだが、いいゲームができなかった。セットプレーで決定機があり、決めていれば流れが変わったかもしれないが、きょうは完敗」

音泉（3試合ぶりに先発）「両サイドからアグレッシブに攻められた。ただ、チャンスはつくっても結果は無得点。相手は個の力で4得点。その差をかなり感じた」

佐藤（後半16分から出場。6試合ぶりに復帰）「自分がけがして出られない間に勝てなくて歯がゆい思いだった。今節は何としてでも勝ちたかったが、何もできずに終わってしまった」

後半16分、今治に3点目を奪われ、秋山(中央)のもとへ集まるAC長野イレブン

守備の歯車狂い、球際も勝てず

試合終了の笛が鳴るとスタジアムは静まり返った。前節に北九州と引き分け、チーワーストだった連敗を4で止めて再浮上のきっかけをつかんだかに見えたが、ホーム今季最多の4失点。主将の秋山は冷たい雨に打たれながら「自分たちはもっともっと(つ努力を)やっていかなければいけない」と声を絞り出した。

ハットトリックで敵地のサポーターを黙らせた今治のドゥドゥの決定力は称賛されべきだろう。だが、失点シーンにつながる〝原因〟を探ると、不振から抜け出せないA長野の弱さが見えてくる。

先制された前半9分は、自陣右サイドに放り込まれたロングボールに対して3バッ中央の秋山がカバー。しかし、「しっかり（プレーを）切っておくべきだった」と中途半なクリアを拾われ、裏に抜けたドゥドゥに仕留められた。2点目は、自陣左サイドでバック左の佐古が今治のマルクスビニシウスに空中戦で競り負けたところが発端。左イドを一気にえぐられ、折り返しをドゥドゥが一閃した。

第10節の松本山雅との「信州ダービー」の勝利を最後に6戦未勝利（1分け5敗）。バック右の池ケ谷は「みんな頑張っているけれど、同じ『絵』を描けていない。あとはンプルにデュエル（球際）で負けていることが多い」と苦しい胸の内を明かす。

無失点試合は第7節の相模原戦が最後。目前の敵に打ち勝つために、まずは守備の強を取り戻さなければ、指揮官が掲げる「賢守猛攻」を体現することはできない。

第17節 7.8.Sat プライフーズスタジアム(AWAY)

長野 **0-4** 八戸

勝ち点21

八戸に0-4で大敗して2連敗となり、13位から暫定15位に下げた。

AC長野は前節から先発5人を変更した。出場停止の秋山に代わって14試合ぶりに先発した大野が3バック中央、7試合ぶり先発の佐藤がボランチに入る3-4-3で臨んだ。

長野は前半14分、ミドルシュートをGK金珉浩がはじき、こぼれ球を押し込まれて先制された。後半5分には自陣右からのCKを頭で合わされ、同8分には八戸の姫野にFKを直接決められた。同48分にもカウンターから失点した。

うまくいっていない

シュタルフ監督「2試合連続で0-4で負けてしまったけれど（内容は）前節とは違う試合だった。ただ、良い入りをしても安い失点で先制を許し、流れをたぐり寄せてもセットプレーから追加点を与えてしまった。『さあ、行くぞ』となってもまたセットプレーから失点。何もかもうまくいっていない。負けが続くチームでよく見るパターンだが、それが今のうちにも当てはまる」

木原（後半29分から出場してJリーグデビュー）「チームの失点を取り返そうと臨んだが、カウンターを決めきれなかった。でも、やっとスタートラインに立てた。ここから点を決められるようにやっていきたい」

GK金「自分のミスから先制されてしまい悔しい。（FKの）3失点目はボールがゴールを越えた感覚だったけど…。チームの取り組みは（好調時と）変わっていないけれど結果が出ない」

攻撃の流れ決壊　目立つミス

2戦続けて悪夢のような大敗が待っていると誰が想像しただろうか。AC長野は前の今治戦に続いて今季最多の4失点の大敗。シュタルフ監督は「（首位に立った）第10までできていたフットボールをまた表現することが大切。答えは見えているが、そこなかなかできない」と深い悩みを吐露した。

7試合ぶりの勝利を目指す決意はあふれていた。出だしからプレスをかけて追いみ、攻撃でも前線に次々と縦パスを入れ、得点の気配を感じさせた。ところが、つかみけていた流れは小さな綻びから決壊する。前半14分、右サイドで仕掛けたハイプレスかわされると、そのまま左サイドまでプレスの網を広げたことで守備のバランスを崩した。その隙を突かれ、一気に自陣の最終ラインまで縦パスを通される。最終ラインの船が競り負け、さらにミドルシュートをGK金が「自分のミス」とこぼし、そこに詰めらて失点。その後もCKや直接FKを沈められ、シュタルフ監督は「勝負どころの分岐点全て踏み外している」と声を落とした。

後半は反撃のエネルギーも高まらず、ミスが目立った。「失点すると『勝たないといない』と考えすぎて、一つ一つのプレーが遅れて全員のベクトルが合わない。でも、くなるためには自分たちのサッカーを貫かなければ…」と船橋。自分たちの弱さは何一。まずは現実と向き合う覚悟がなければ復活の一歩は踏み出せない。

ORANGEの志⑤ シュタルフ悠紀監督の熱い思い

励まし・批判、受け止める

今季2度目の首位に立った第1節を最後に勝利から見放され、我慢の時期を迎えている。4失点して敗れた今治戦を除けば「自分たちのサッカーが通用している」という手応えはある。ただ、自信が揺らいでいる状況がプレーに迷いを生じさせ、難しいゲームにつながっている。逆を言えば、ぶれずに積み上げてきたスタイルを徹底すれば強さも自信も取り戻せると信じている。

「ぶれずに」という点では、ピッチ外のことになるが2019年にYS横浜でプロ監督として歩み始めてから写真投稿アプリ「インスタグラム」で情報を発信し続けている。目前の試合に懸ける思い、勝負で感じたこと、サポーターや選手に対する思い…。毎節の写真とともに、その時々で感じたことを素直な気持ちでつづっている。

監督という職業は、試合で「結果を出せる人」かどうかで線引きされやすい。プロである以上、勝負の結果は重要だ。結果に加えて、サッカーを通して何を表現したいのか、どんな信念を持って取り組んでいるのか、自分はどんな人物なのか。SNSを通して、そうした部分を自分の言葉で伝えることで、パルセイロに少しでも興味を持ってもらい、スタジアムに足を運ぶきっかけになってほしいという願いがある。

発信に対して、コメント欄にはたくさんのサポーターからメッセージが届く。励ましや共感してくれるメッセージも多く、「もっと頑張らなければいけない」と気持ちを新たにしている。監督業務に支障のない範囲で、可能な限り一つ一つに返信している。サポーターに対して「思いはしっかり届いているよ」と感謝の意思を伝えたいし、支えてくれる人たちの心の声に耳を傾けなければファンも一丸となった真の「ワンチーム」はつくり出せないと思う。だからこそ、悔しい敗戦の時も「申し訳ない」という胸の内を伝え、サポーターと正面から向き合いたい。それに対する励ましの言葉も、厳しい言葉も真摯に受け止めている。

アスリートがSNSを活用する光景は日常になりつつある。一方で、世界中で「過度な批判」や「誹謗中傷」が問題となっている。人格否定やプライバシー侵害、人種差別…。スタジアムの応援席から、結果やプレーに関して「勇気ある批判」をしてくれることは大歓迎だ。プロ選手である以上、そういった「適切な批判」や重圧に向き合わなければいけないし、それを力に変えていかなければ、より高いステージに上がっていくことはできないだろう。しかし、ネット上で顔も名前も伏せられた匿名の投稿で心を傷つけられることほど、苦しくやりきれないものはない。

過度な批判や誹謗中傷に「俺は気にしない」「見返してやる」と反骨精神を発揮できるアスリートもいる。ただ、全員がそうではない。われわれがいま戦っているJ3の舞台はまだまだ人生経験の浅い20代前半の選手が多い。プロ選手という看板を外せば普通の若者と変わらない。人知れず悩みを抱え、パフォーマンスが低下してしまう選手もいる。

自分がSNSで発信し続ける目的の一つはそこにある。選手には本来の力を存分に発揮してほしい。チームが苦しい状況にあるのは監督の責任だ。どんな厳しい意見でも構わない。どんどん、監督の自分にぶつけてほしい。

（2023年7月13日掲載）

最終場面で、こぼれた白星

前半、佐藤(17)が中盤からプレスをかけてボールを奪い、相手の反則を受けながらもゴールに向かう

後半、PKを外して肩を落とす山本

　勝利目前で鳥取に追いつかれて引き分けた。3試合ぶりの勝ち点を加えて順位は15位から14位に上げた。

　AC長野は前節から先発4人を変更した。秋山が出場停止から復帰して3バックの左に入り、2試合ぶりに先発した西村がアンカーを務める3-5-2で臨んだ。

　長野は前半10分、ゴール前でのクリアボールを自陣左に展開され、鳥取の牛之浜に先制された。3分後に右サイドでボールを拾った佐藤の右クロスを安東が右足でゴール左に流し込んで追いついた。

　後半は船橋や近藤を投入して攻勢を強め、同38分に安東の左クロスを船橋が頭で合わせて勝ち越したが、同48分に直接FKを決められた。

1点リードで迎えた後半48分、鳥取・小沢(左)にFKを決められる

第18節 7.16.Sun 長野Uスタジアム(HOME)

長野 **2-2** 鳥取

勝ち点22

後半38分、途中出場の船橋（右）が安東からの左クロスに頭で合わせ、勝ち越しゴールを決める

少しずつ復活の兆し

シュタルフ監督「（勝利まで）あと一歩のところまできたのは前向きに捉えているし、連敗を止められたことはよかった。ただ、（終了間際の直接FKで）勝ち点３を持っていかれ、立ち上がろうとしている時に（判定という）不可抗力な打撃を受けると、本当にメンタルが引きずり降ろされる。勇気を出してプレーしている後半の時間帯は自分たちのフットボールを取り戻せていた。少しずつ復活の兆しが見えている」

安東（３試合ぶりに先発して１ゴール、１アシスト）「前半の１点目は佐藤選手が良いところを見てボールをくれたので流し込むだけだった。先発で使ってもらって結果を残せてよかった。次は勝利に導けるようにしたい」

船橋（後半途中出場し、今季３点目のゴール）「勝ちたかったけれど、（後半は）自分たちがやりたいサッカーをやりきった。次は勝ちにつなげたい」

鳥取・増本監督「最後の直接FKを決めてくれたことは好材料。前半は縦パスを入れてゲームをコントロールできていたが、後半はAC長野が守備を変えてきたのか、ちぐはぐな攻撃になった」

トンネル脱出へあと一歩

長いトンネルの出口が近づき、希望の光が見えかけたところに落とし穴が待っていた。AC長野は１点リードの後半48分、ペナルティーエリア外の中央付近で直接FKを与えると、弧を描いたボールはクロスバーに当たってゴール内へ。その瞬間、８試合ぶりの白星が吹き飛んだ。

前半は復活への道のりはまだ遠いと思わせる戦いだった。守備陣のリスク管理の甘さから早々と失点。すぐに同点に追いついたが、ボールの奪いどころが定まらず、ずるずると自陣に後退して防戦一方だった。

ただ、追加点を許さずに耐え抜いたことが大きかった。「ハーフタイムに、（守備の）どこからアプローチしていくのか確認した」と佐藤。下がらずに勇気を持って中盤にプレスの網を張ってボールを奪い、推進力を維持してゴールに迫る。それを徹底したことが後半38分の船橋の勝ち越し点につながった。

今節前には、今季初めて選手だけのミーティングを行い、一人一人が本音をぶつけ合った。副主将の佐藤は「チームの問題点や今季に懸ける思いを聞き、みんな勝ちたい思いは一緒だった。一人でサッカーはできないし、チームとして戦うために、それぞれの役割を再確認した」と強調する。

あとは後半に見せたような結束したプレーを90分間続け、勝利という結果をつかめるか。あと一歩だったとはいえ、８戦未勝利という現実は重い。プロだからこそ「惜しい」で満足してはならない。

7.22.Sat 岐阜メモリアルセンター長良川競技場（AWAY）

1 - 1 岐阜

岐阜と引き分け、9試合未勝利のまま順位を14位から暫定15位に下げた。

AC長野は前節から先発3人を入れ替えた。GK浜田が11試合ぶりに先発復帰。今季初スタメンの高橋、3試合ぶりに先発した佐古が3バックに入る3-5-2で臨んだ。

前半は岐阜がボールを持つ展開となったが、長野は中盤でプレッシャーをかけて最終ラインで奪う守備を徹底。後半も耐える時間が続き、同37分にGKへのバックパスの隙を突かれて先制された。それでも、同44分の左クロスのこぼれ球を途中出場の三田が左足で決めて追いついた。

前半、相手ゴールを背にオーバーヘッドシュートを放つ山本。惜しくもポストにはじかれる＝岐阜新聞社提供

後半立て直し 意地のドロー

勇気を出しプレー

シュタルフ監督「前半は、準備してきた自分たちの攻撃を出せなかった。ハーフタイムで『自分たちのフットボールを取り戻しに来ている。それを忘れてはいけない』と選手たちに話した。ミスから失点してしまったが、ビルドアップ（攻撃の組み立て）で勇気を出してプレーしてくれたことが得点につながった。シーズン後半戦は、開始1分から自分たちのフットボールをやっていけるようにしたい」

三田（後半24分から出場。10試合ぶりの得点となる今季5点目）「意外とスペースがあったのでボールがこぼれてくるかな、と思った。引き分けに持ち込めたことをプラスに捉えたい」

佐古（3バックの左で3試合ぶりに先発）「勝ちたかったし、引き分けで悔しい。でも、後半は勇気を持ってボールをつなげた。これをシーズン後半戦につなげたい」

西村「前半から『ボールをつなごう』と臨んだが、つなぐことができずストレスがかかる内容だった。後半はつなげたが、前半から勇気を出してやっていればよかった」

GK浜田、悔しさと手応えと

試合が終わると、AC長野のGK浜田の目から涙があふれ出た。「苦しむチームのためにも、自分のポジションを確立するためにも勝ちたかった。だから悔しくて…」。11試合ぶりに守護神としてゴール前に立った一戦は、再三にわたる好セーブの手応えと悔しさが入り交じる結末が待っていた。

8試合未勝利から抜け出すために、シュタルフ監督が課したテーマは「勇気を持ってボールをつなぐこと」。その出発点として足元の技術に優れた浜田を起用した。

ところが、前半は自陣で守備に追われ、いざ攻撃に転じてもゴールキックも含めてロングボールという〝逃げ〟の攻撃のみ。ハーフタイムに指揮官から「何のために（試合に）出したのか思い出せ」と一喝された23歳はようやく目覚めた。

後半は浜田を起点に地道にパスをつなぎ、岐阜のハイプレスをかわして少しずつ前進。確実に流れを引き寄せ始めたが、37分にバックパスを受けた浜田の判断ミスでボールを奪われて痛恨の先制点を与えた。7分後に三田のゴールで追いつき、浜田は「仲間に感謝しかない」と絞り出した。

それでも、指揮官は「後半にいい形ができたのは彼（浜田）が自信を持ってビルドアップ（攻撃の組み立て）に加わったおかげ」と強調。クラブワーストを更新する9戦未勝利と厳しい状況は続くが、勝利をつかむためにはミスを恐れず、後半のように全員でパスをつないでゴールに向かう勇気を出し続けられるかどうかだ。プロ2年目の浜田は「もっと成長したい」と悔しさをかみしめながら静かに前を向いた。

MYPRIDE

AC NAGANO PARCEIRO

宮阪政樹

子どもの姿 成長への刺激

プロサッカー選手として12年目を迎えています。これまでの道のりは家族との歩みでもあります。1年目に妻と結婚し、2男2女に恵まれました。「大卒で10年間、選手として頑張る」と目標を掲げましたが、33歳になったいまも頑張れているのは家族が心の支えになっているからです。

結婚の翌年に長男を授かりました。実は「父親ってどうしたらいいのかな」と思いました。僕自身は幼少期に両親が離婚し、母に育てられました。だから「父親像」というものが分かりませんでした。

母には本当に感謝しています。平日は一生懸命に働いていたので、祖父母が僕の世話をしてくれました。寂しい思いを解消するためにサッカーに打ち込みました。母も喜んでくれて、すごくうれしかった。でも、週末の試合に仲間が両親から応援されている姿を見ると、子ども心にうらやましかった。だから、自分自身が家庭を持った時、「サッカーは大事だけれど、家族を一番大切にしよう」と思いました。

サッカー選手だから、子どもたちに悲しい思いをさせてしまうこともあります。プロである限り移籍は選ばれません 山形 松本 大分 松本 群馬 長野―。移籍するたびに子どもは転校です。友達と仲良くなったのに引っ越し。「転校したくない」と打ち明けられ、本当に申し訳ない気持ちでいっぱいになりました。週末や大型連休は試合が重なり、家を空けることも多いです。

でも、サッカー選手だから「子どもたちに寄り添える時間」もあります。平日の練習が午前で終われば、午後は家で子どもたちにご飯を食べさせたり、一緒にお風呂に入ったりして、ゆっくり過ごします。午後に小学校の授業参観がある時は、練習が終わって駆けつけます。週末の試合がナイター開催の場合は、早朝に子どもたちと公園で遊んでから夜の試合に臨みます。

「少しでも父親らしいことをしたい」という思いですが、平日に限れば、もしかしたら普通のお父さんよりも子どもと一緒にいる時間は長いかもしれません。そう考えると「サッカー選手で良かったな」と思うし、それが現役を長く続けたいと思うモチベーションになっています。

立つ、歩く、ボールを蹴る、宿題が解けるようになる…。子どもは何事も真剣に遊び、学び、日々成長しています。その姿を見ると、自分も「常に限界に挑戦しなければいけない」と刺激を受けます。子どもたちの成長を見つめ、父親として、そしてサッカー選手として成長させてもらっている気がします。もちろん、ポンコツの自分を支えてくれる妻には感謝の思いしかありません。

どんな父親になりたいのか。子どもたちには「とっと（お父さん）」と呼ばれています。「サッカー選手のとっとは自慢です」よりも「家族との時間を大切にしてくれるとっとが自慢です」。そんな父親でありたい。こんなJリーガー、一人ぐらいいてもいいかなと思っています。

【みやさか・まさき】FC東京の下部組織から明大に進み、2011年ユニバーシアード大会日本代表の主将を務め、優勝に貢献。12年に山形に加入し、松本山雅、大分、群馬でもプレー。21年、AC長野に移籍。J2で直接FKからのゴールで歴代1位記録（16得点）を持つ。MF。33歳。東京都出身。

（2023年5月25日掲載）

MYPRIDE 4

AC NAGANO PARCEIRO

三田尚希

夢への道筋は人それぞれ

「あのシュートが良かったです」「ドリブルで抜くのを見習いたいです」「将来はサッカー選手になりたいです」。

試合後に子どもたちが送ってくれた手紙を読み、夢を持ってもらえる大きな意味のあるゲームができたかなーと、熱い思いがこみ上げました。

僕は小学1年の時、木曽北部JFCでサッカーを始め、上松中で全国大会に出場しました。でも「プロになりたい」という夢を口に出せませんでした。当時、長野県内にJリーグクラブはなく、県内出身のJリーガーも数えるほど。現実味のない、はるか遠い存在だったからです。

転機は青森山田高への進学でした。2年生の時、準優勝した全国高校選手権の舞台に立つこともできました。「プロになれるかも」と感じ始めましたが、同期のチームメートにはワールドカップ（W杯）日本代表になる柴崎岳（レガネス）がいました。

岳は誰よりも早くグラウンドに出て、納得いかない部分があると、全体練習が終わっても納得するまで練習して誰よりも遅く寮に帰ってくる。「こういう選手がJリーグに行くんだ」と強烈に思わせてくれたし、岳という〝基準〟があったから「今、もしプロになれても全く通用しない」と分かっていました。

高校、大学ではJクラブから声はかかりませんでした。それでも「やれるだけやろう」と決意し、高校時代の恩師の黒田剛監督（現J2町田監督）の紹介で、青森山田高の臨時職員として働きながら東北リーグ（現在はJFL）のラインメール青森からJリーガーを目指す道が始まりました。

過酷でした。練習場所は公園やアーチェリー場の芝生だった時も。多くの選手が働いていたように、収入を確保しなければ生活もできません。チーム活動と並行しながら青森山田高の寮監やサッカー部の指導にも汗を流す日々。休日はほとんどなく、「やめたい」と心が折れそうになる瞬間もありました。

それでも、試合会場に行けば、毎週欠かさずに来てくれるサポーターがいました。「おまえなら絶対に上（Jリーグ）に行けるから腐らずやり続けろ」と励ましてくれた先輩もいました。うまくいかない時に踏ん張る強さ、苦しみを乗り越えてこそ本当の喜びがある―。自分の原動力でもある心の強さは、支えてくれたたくさんの人たちと一緒に地域リーグ、JFL、J3とはい上がる中で培われたように思います。

8月で31歳。Jリーガーになるまでの道のりは決して最短距離ではなかったけれど、夢を実現する道筋やタイミングは人それぞれでいい。あと何年、現役を続けられるか分かりません。でも、まだまだ上（J1、J2）を目指して走り続けます。僕が小学生時代に描けなかった夢や経験を、いまの子どもたちに伝えるためにも。

【さんだ・なおき】木曽郡木曽町出身。上松中3年時の全国中学大会でベスト16入り。青森山田高2年時の全国高校選手権で準優勝に貢献し、日本高校選抜に選ばれた。法大を卒業後、日本フットボールリーグ（JFL）の青森や今治でプレーし、2019年に移籍したJ3八戸でJリーグデビュー。20年にAC長野に加入した。MF。30歳。

（2023年6月30日掲載）

1点守り切り
10戦ぶりに勝つ

後半18分、直接FKを決め、杉井（左）、西村（右）らと喜ぶ加藤

後半、相手守備に倒される西村。直接FKを得て、加藤のゴールにつながる

後半18分、直接FKを放つ加藤

第20節 7.29.Sat 長野Uスタジアム(HOME)

長野 1-0 相模原

勝ち点26

後半、必死にゴールを守るGK浜田

後半、ボールを奪いにかかる西村(手前左)

相模原に競り勝ち、10試合ぶりの白星で勝ち点を2に伸ばして15位から暫定13位に上げた。

AC長野は移籍加入で4日前に合流したばかりの加がアンカーを務め、3試合ぶりに先発した船橋が右ウングバックに入る3-5-2で臨んだ。

長野は序盤から相模原のプレスに冷静に対応し、敵深くに進入。進の負傷退場により途中出場した西村が度もゴールに迫った。なかなか先制できずにいたが、半18分に加藤が直接FKを決めて均衡を破った。そのもGK浜田の好セーブなどでリードを守り切った。

新加入加藤、反撃予感させる決勝弾

東京Vから移籍加入したばかりの34歳が大仕事をやてのけた。AC長野は0-0の後半18分、ゴールほぼ正の位置でFKを獲得すると、キッカーを志願したのは藤。10試合ぶりの勝利を引き寄せる決勝弾をたたきみ、「(右足を)振りかぶった瞬間に入ると思った。自分『持っているタイプ』ではないのでびっくり」と照れ笑した。

ゲーム全体を振り返っても、司令塔のアンカーを担た加藤の存在感が光った。「自分の役割は『つなぎ』」と終ラインから預かったパスを巧みなボールさばきでキープし、スペースに走り込む前線のアタッカーに効果的なパスを届ける。

ゴールにつながる直接FKを呼び込んだのも、加藤のングパスに抜け出した船橋の右クロスから。船橋は「(藤が)時間をつくったり、セカンドボールを回収してくたりして、動きやすいタイミングがたくさんあった」と賛した。

京都時代にJ2降格、北九州時代にはJ3降格とJ2昇格を経験しているJリーグ通算出場365試合のベテランは、日の全体練習から合流すると「とにかく味方を理解することを意識した」と積極的に仲間とコミュニケーションを図った。

その姿勢こそが、第7節と第10節の2度首位に立ったチームが見失っていたもの。シュタルフ監督は「(選手ちには)『チームのために俺はこの時間をささげるんだ』という気持ちをもう一度思い出してほしかった。この勝利で気持ちを取り戻せたのであれば、次も勝てる」と断言。復活を予感させる勝利だった。

歯車を動かす勝利に

シュタルフ監督「久しぶりにゴール裏のサポーターを笑顔にできてよかった。守備ラインが高い相手なので、前半から相手の背後を狙っていた。後半は、よりチャレンジしてくれて何度も惜しいシーンをつくれた。一つの歯車が狂って9戦未勝利という結果を生み出したのならば、この勝利がここから負けない強さを生む歯車を動かしてくれるかもしれない」

浜田(2試合連続の先発。13試合ぶりの無失点に貢献)「しっかり相手シュートを止めて、キックの部分でも貢献できたと思う。9試合勝てていなかったので、内容も大事だけど、勝つことが全てだったのでよかった」

船橋「常に相手の(最終ラインの)背後を突くことは意識していた。相手が後ろ向きで守備する時に(マークを)見失うことも分析通りだった。いいボールが出せて(加藤の直接FKにつながる)ファウルになったと思う」

相模原・戸田監督「(新加入選手による)ロングスローとセットプレーは活用できた。ただ、クロスに詰め切れないなどチャンスを生かし切れなかった。点を取るポイントはつくれていたので、先に点を取りたかった」

節 8.6.Sun 長野Uスタジアム(HOME)

野 26 **0-3** 岩手

前半、三田(右奥)のクロスに近藤が合わせたが、ゴールの枠を外す

守備の隙突かれ 後半3失点

岩手に完敗し、4試合ぶりの黒星で、前節の13位から15位に後退した。

AC長野は前節から先発2人を変更した。4試合ぶりにスタメン復帰した近藤が2列目右、西村がワントップに入る3-6-1で臨んだ。

長野は前半、岩手に主導権を握られたものの、最終ラインを中心にはね返し、カウンターから近藤や三田が抜け出したが逸機。後半11分、ゴール前に入れられた長いボールからオタボーに決められて先制された。同27分にはカウンターから追加点を許し、終了間際の同50分にも失点した。

紙一重の勝負、小さなほころびから…

そう簡単に事は運ばない。上位陣が引き分けなどで勝ち点を大きく上積みできなかった今節。AC長野にとって、2連勝すればJ2昇格に向けた勢いを生み出す絶好機だった。だが、その思惑は3失点で霧散した。

前半は拮抗した展開だった。岩手が2人の外国人をターゲットにロングボールを送ってチャンスをつくれば、AC長野は強固な守備ブロックを形成し、近藤や三田が裏のスペースを突く逆襲でゴールに迫った。

しかし、紙一重の勝負は小さなほころびから明暗が分かれる。後半11分、岩手のボールをキャッチしたGK浜田が素早いパントキックでプレーを再開。しかし、これをはね返されると、ボールはまだ守備陣形が整っていないAC長野の最終ラインの前へ。警戒していた外国人2人の連係で突破されて先制点を許すと、その後は前がかりになった隙を突かれる形で守備が崩壊した。

守備陣を統率する池ケ谷は「(先制される直前)激しい攻防で息が上がっていた。あそこはGKから一度、ボールを落ち着かせて自分たちの時間をつくるべきだった」と指摘した。

好セーブを連発した浜田を責めることはできない。シュタルフ監督は「0-1はひっくり返せるスコア。(逆転するために)前に出ていく難しさはあるが、得点を狙いつつ、もっと粘り強く戦わなければいけない」。もろさが同居する試合運びを真摯に受け止めなければ、ここから前には進めない。

勝たなければいけない試合

シュタルフ監督「序盤から非常に良いゲームができていたので、0-3は予想できなかった結果。チャンスの数を見ても、勝たなければいけない試合だった。上位陣が勝ち点を取りこぼす中、自分たちも取りこぼすようでは差は詰まらない。今治戦、八戸戦と比べれば、勝利が遠いゲームではなかったので、そういう意味での悔しさがある」

近藤「(前半のチャンスで)自分が決めていれば流れが変わったと思う。その意味では申し訳ない。相手のセンターバックが前に出てくるので、その裏を狙えたらなと思ってやっていた。前半はカウンターが効いていたと思う」

佐藤「センターバックの背後を突くのは狙い通りだったが、正直、もう少し自分たちの(攻撃の)時間をつくりたかった。相手はマンツーマン気味にプレスをかけてきたけれど、GKを使って落ち着いてボールを動かせていれば問題なかったと思う」

岩手・松原監督「前回対戦した時に1-4で負けていたので、その思いを秘めて臨んだ。(プレスで)ボールを奪いにいく時は思い切って押し出した。相手も戸惑ったと思う。オタボーとドウグラスオリベイラのコンビで必ず決めてくれると思っていた」

不振の時こそ信じた道を

ORANGEの志⑥

シュタルフ悠紀監督の熱い思い

シーズン後半戦のスタートとなる第20節の相模原戦に勝ち、9戦未勝利（3分け6敗）の長いスランプから抜け出すことができた。第21節の岩手戦は0-3で敗れ、まだ完全復活と言える状況ではないが、不振を乗り越えた経験を力に変えて再浮上したい。

「勝ちに不思議の勝ちあり。負けに不思議の負けなし」とは、プロ野球4球団で監督を務めた故野村克也さんの言葉だが、野球よりも不確定な要素が多いサッカーには「不思議な負け」があると思う。例えば、2-2で引き分けた第18節の鳥取戦は、勝利目前だった後半48分の不可解な判定による直接FKで同点に追い付かれた。サッカーはロースコアのスポーツだから、どんなに優位にゲームを進めていても、それが結果に直結するとは限らない。それが醍醐味なのかもしれないが、複雑な要素が絡み合う中、「これだ」という明確な勝因や敗因を見つけるのは非常に難しい。

結果が出ない状況が続くと選手たちの心が揺らぐ。人の心は弱い。感情が不安定になればプレーに迷いが生まれて質が落ち、質が下がれば勝てなくなる。今回はその悪循環に陥った。

混戦のJ3で各チームの力の差は紙一重だ。AC長野も序盤戦はスコアだけ見れば大勝のゲームもあったが、内容はギリギリの局面を制しての勝利ばかり。そもそも、クラブ規模を考慮してもJ3優勝とJ2昇格を果たすために、われわれは「ミラクル（奇跡）」を起こさなければいけない立場だ。

それなのに、第10節の松本山雅との「信州ダービー」を制して首位に立ち、「このままいける」という雰囲気がクラブ内外で生まれた。そこから黒星が続き、急失速した。もともとは挑戦者の立場であったはずなのに…。

経営規模でリーグ最下位のYS横浜の監督だった2020年には17試合未勝利（6分け11敗）を味わった。苦しい経験だったが、そこから学んだ教訓は、目先の結果にとらわれず、自分たちが信じた道でベストを尽くせるかどうか。

不振に陥ると「あの選手を使った方がいい」「ビルドアップ（攻撃の組み立て）を変えた方がいい」という周囲の声が耳に入ってくる。もちろん、勝つための方向性が根本的に誤っていれば修正しなければならないだろう。

だが、今季のAC長野の戦い方は、開幕前から何千回、何万回と悩み、考え抜いて準備してきたものだ。今季の陣容、選手の特徴、ライバルクラブの選手陣容…。たくさんの要素を比較検討し、シミュレーションを重ねた上で、優勝やJ2昇格を果たすために行き着いたスタイルだ。

偶然だけで2度も首位に立つことはできない。10試合ぶりの勝利をつかんだ選手たちが「積み上げてきた力を発揮すれば勝てる」と再確認し、自信を取り戻してくれれば、再び上昇気流に乗れると思う。

J3優勝、J2昇格を果たす方法や正解は誰も知らない。だから、自分たちが信じた戦い方で全力を尽くすしかない。そして戦いから学んだことを成長の力に変える。そのプロセスの繰り返しが、本当の意味で強いチームの実力を養うはずだ。

（2023年8月11日掲載）

激闘を締めたＦＫ

前半27分、先制のボレーシュートを決めた佐藤（左から２人目）に駆け寄るＡＣ長野の選手たち＝南日本新聞社提供

過去最悪の５失点

肝心の守備、不安定なまま

雷雨の影響で開始が１時間半遅れた一戦は、両チームのたまった戦意がぶつかり合った。ともに持ち味を発揮して激しい攻防を繰り広げたが、終わってみればAC長野はチームワーストを更新する５失点で粉砕された。

ほとんどがセットプレーからの失点だったとはいえ、警戒していた選手たちを躍動させてしまったことが大敗を招いた。前半25分はGKが蹴ったFKを、身長183センチのンドカに頭で守備ラインの裏に流された。カバーに入った大野も「予想以上に（頭で）そらされてしまった」と、スピードのある藤岡に抜け出されて仕留められた。

三田のゴールで追いついた２分後の前半32分、再びFKからあっけなく勝ち越しを許すと、後半22分にはンドカと競り合ったセカンドボールを拾われ、スルーパスを通されて３失点目。杉井は「一人がロングボールに競り合いに入って、みんなでこぼれ球を拾う。中学生くらいの時から指導されている当たり前のことを徹底しないといけない」と唇をかんだ。

第10節から９戦未勝利というスランプを抜け出した第20節以降は、会心の勝利と屈辱的な敗戦が交互に続く。「『安い失点』が多かった。それを続けていては、いい試合をしても上にはいけない」と大野。攻撃の鋭さは取り戻しつつあるが、肝心の守備は不安定な状態から抜け出せていない。ホームでどれだけ大敗を重ねれば反省を教訓に変えられるのだろうか。

先制点が悔やまれる

シュタルフ監督「（試合の）入りは岐阜のペースで、そこからすぐに盛り返したが、飲水タイム後の失点（先制点）が悔やまれる。でも、その後に準備した形で同点に追いつくまでは良い形だった。そこは評価できるし、選手たちは躍動感あるプレーを見せていた。（失点に関しては）ひどいもの。準備していた対応ができてない。セカンドボールを拾われ、そもそもファーストディフェンスも勝てていなかった」

三田（チームトップの今季６点目）「慌ててシュートしてしまって外す試合もあったので、（クロスを受けてから）少し間を置いて打ったのが良かった。でも、得点以上に失点が多かったので反省しかない」

岐阜・上野監督「前半はサイドを突かれたり背後を狙われたりして慌てていた。それでも、何とかセットプレーを絡めて得点し、後半に仕留められた。今季一番の出来だったと思う」

後半途中から前線に入った高窪（中央）。シュートを決められず悔しがる

前半終盤、サポーターの声援を背に、岐阜のFKに壁をつくるAC長野。ここはしのいだが、後半は相手の勢いを止められなかった

第22節　8.13.Sun　白波スタジアム（AWAY）

長野　2-1　鹿児島
勝ち点29

信じて送り出した

シュタルフ監督「タフなゲームだったけれど、最後にああいう形（宮阪の直接FKで決勝点）で自分たちの方に勝利の女神がほほ笑んでくれてほっとしている。宮阪はあの位置のFKを蹴らせれば右に出る者はいないので信じて送り出した。いい仕事をしてくれた。守備でも前半の森川と音泉のインテンシティー（強度）には本当に感謝している。連勝していけば手の届くところに上位陣はいると思う。自分たちの力を信じて、全力を出し切るゲームを残り16試合見せるしかない」

宮阪（J2時代に挙げた直接FKからの16得点は歴代１位記録）「直接FKを決めたのは４年ぶり。（2021年に）AC長野に加入してから初めて決められたし、全カテゴリー（J1、J2、J3）でFKから得点できたことはうれしい」

佐藤（前半27分の右CKから左足で先制弾）「（セットプレー）練習の時から自分のところに『ボールが来る』と感じていた。利き足とは逆だったけれど、思い切り振ったら狙い通りのところに入ってくれた。先制点を取れたことで、自分たちの流れにできた」

森川（FWで５試合ぶりに先発）「（得点を奪う）結果は出せなかったけれど、守備では狙い通りに相手にプレスをかけられたと思う。途中交代したけれど、まだまだ走れた」

鹿児島に２-１で競り勝った。２試合ぶりの白星で勝ち点を29に伸ばし、前節15位だった順位を14位に上げた。

AC長野は前節から先発３人を変更した。先発は４試合ぶりの大野がセンターバック中央、５試合ぶりの森川が音泉と２トップを組む３-５-２で臨んだ。

長野は２トップのプレスが効いて主導権を握ると、前半27分に右CKのクリアボールを佐藤が左足で蹴り込んで先制した。後半11分に自陣右CKから同点とされたが、終了間際の同50分、投入されたばかりの宮阪が直接FKを決めて勝ち越した。

集中力保ち、投入の宮阪決勝弾

J2昇格に向けて上位に踏みとどまりたい鹿児島と、下位からはい上がりたいAC長野―。意地と意地がぶつかり合った激闘を締めくくるべく、最後にピッチに登場したのはAC長野の最年長34歳の宮阪だった。1-1の後半50分、ほぼ正面の位置で得た直接FKのキッカーとして投入されると「同い年の弘堅（加藤）が相模原戦（第20節）で決めていたので見返してやろうと思った」とゴール右に決勝弾をねじ込んだ。

主役の座をさらったベテランだが、「全員がヒーローに値する」と力を込める。森川、音泉の２トップが猛烈なハイプレスで鹿児島の最終ラインに重圧をかけて揺さぶり「２人のおかげで相手のパスコースが限定できて奪いやすかった」と佐藤。相手がサイドにボールを逃せば、すかさず人数をかけてボールを奪ってカウンターに転じた。

長いボールを入れられれば、４試合ぶりに先発した大野が「このリーグでスピードは負ける気がしない」と武器のカバリングでピンチの芽を摘む。得点こそ奪えなかったが、これまで出場機会に恵まれなかった高窪や藤森が途中出場で見せ場をつくるなど、チームは90分間通して高い集中力を発揮した。

「全員が自分の武器を出し、タフに、そして勇気を持ってプレーしてくれたことが勝ち点３につながった」とシュタルフ監督。ただ、上位陣も勝ったため、J2昇格ラインとの差は縮まっていない。大切なことは、継続してワンチームを体現し続けること。自信は得ても慢心してはならない。

第23節　8.19.Sat　長野Uスタジアム（HOME）

長野　1-5　岐阜
勝ち点29

岐阜に１-５で大敗した。暫定14位。

AC長野は前節から先発２人を入れ替えた。出場停止の佐藤に代わって２試合ぶりに先発した近藤をトップ下で起用。３試合ぶりにスタメンの安東が２列目右に入る３-５-２で臨んだ。

長野は前半25分、岐阜にFKから守備ライン裏を突かれて先制された。同30分に船橋の右クロスから三田が決めて追いついたが、２分後に再びFKから失点した。後半22分にスルーパスを通されて３点目を奪われると、さらに２点を追加された。

5失点で敗れ、厳しい表情で観客席へあいさつに向かうAC長野の選手たち

節 8.26.Sat ロートフィールド奈良(AWAY)

野 **0-2** 奈良

29

後半30分、奈良の酒井(19)に直接FKを決められる

消耗し連敗　大胆布陣も不発

奈良に敗れ、2連敗で14位から暫定15位に後退した。

AC長野は前節から先発6人を変更した。出場停止の船橋に代わり、8試合ぶり先発の原田を右ウイングバックで起用。7試合ぶりに先発した宮阪をトップ下に置く3-5-2で臨んだ。

長野は立ち上がりから守備で重圧をかけたものの、徐々に勢いが落ちて前半40分に細かいパスで中央を崩されて先制された。後半は自陣に引いた奈良に対して主導権を握ったが、大きなチャンスはつくれず、同30分に直接FKを決められて突き放された。

炎天下の敵地、足取り重く

気温33.1度—。午後3時キックオフという炎天下の過酷な戦いは、いかに消耗を抑え、勝機をつかむかが勝敗の鍵を握る。それを遂行するため、AC長野のシュタルフ監督はDF池ケ谷と守備的MFの宮阪を最前線に配置する大胆な策に出た。

池ケ谷はキープ力が高く、最前線に起点をつくれる。そして宮阪の精度の高いシュート力は折り紙付きだ。「前半はセットプレーやミドルシュートなどの技を持っている選手を使い、涼しくなる後半に走力のある選手を入れてパワーアップする」(シュタルフ監督)。

前半は耐えながらチャンスをうかがうシナリオだったが、隙あらばプレスに出る場面が目立った。「みんな思っていたよりも暑さに苦しんでいなかったので前から奪いに行ったが、時間がたつにつれて消耗していった」と佐藤。その言葉通り、前半40分、足取りが重くなった池ケ谷の目前でほぼフリーの相手ボランチに縦パスを打ち込まれると、中央を連係で難なく崩されて先制された。

今季前節まで、先制された12試合は4分け8敗。後半は両サイドを有効に使ってボールの主導権は握ったものの、肝心のゴール前の人数が足りない。「(攻撃の)イメージを共有できていなかった」と原田が話したように、いつものように粘ることさえできなかった。

痛恨の連敗を喫し、再び低迷に陥るのか。試合後、ゴール裏のサポーターから「同じことの繰り返し。みんな悔しいよ」と悲痛な声が上がった。灼熱のピッチに徒労感だけが残った。

攻撃でパスミスが多かった

シュタルフ監督「試合が決まったのは前半の出来。(岐阜に1-5で敗れた)前節よりもひどい内容だった。前半は0-1だったが、もっと失点していてもおかしくはなかった。ただ、守備よりも攻撃でパスミスが多かった。パスを出した後の動き直しやサポートが全くできていなかった。そうすると、相手に押し込まれて、チャンスをつくられて失点する。(敗れた)原因は自分たちで攻撃を組み立てられなかったところ」

秋山主将(6試合ぶりに先発復帰)「守備のところで後ろ(最終ライン)が前に出られない部分があった。途中から2列目を4枚にしたけれど、縦パスを入れられたし、相手の立ち位置の変化に臨機応変に対応できなかった」

原田(8試合ぶり先発)「相手の外(サイド)は空いていたけれど、自分たちのクオリティーが足りなかったし、(得点の)イメージを共有できていなかった。もっとシュートを打って相手を引き出すのも一つの手だったのかなと思う」

AC長野、シュタルフ監督を解任　成績不振受け「背水の陣」決断

AC長野パルセイロは8月28日、成績不振を理由にシュタルフ悠紀監督（39）との契約を27日付で解除したと発表した。クラブワーストの9試合連続未勝利があるなど、24試合を終えて15位と低迷。J2昇格ライン（2位以内）とは勝ち点差11で、JFL自動降格や入れ替え戦を逃れようとする下位クラブも追い上げてきている。9月に首位愛媛、2位富山など上位クラブとの対戦を控える中、クラブは「背水の陣」を前に監督交代という切り札を選択した。

シュタルフ監督は、クラブ強化費でリーグ最下位のYS横浜を2021年に過去最高の8位に導いた手腕を買われ、22年に就任。ポゼッション率（ボール保持率）を高めて主導権を握る戦いを目指したが、昨季は決定力不足を克服できないまま8位に終わった。その反省から、今季は「理想と結果を両立させたい」と、堅守速攻をベースに、攻撃時はゴール前の人数を増やす戦略に転換した。

シーズン序盤は堅守が機能し、県選手権決勝で松本山雅を15年ぶりに破り、リーグ戦でも第10節の「信州ダービー」を制して首位に立った。だが、第11節で沼津に敗れて堅守の自信が揺らぐと、攻守のバランスが崩壊。第16節の今治戦と第17節の八戸戦はいずれも0-4で惨敗し、勢いと期待がしぼんだ。

「選手たちが自信を取り戻してくれれば、再び上昇気流に乗れる」と前を向き続けたが、第23節の岐阜戦は過去最多5失点で大敗するなど、直近も2連敗と上向く気配がなかった。

クラブ運営会社の今村俊明社長は「最後まで最大限のサポートをし続ける、その姿勢を貫きたいと考えていましたが、総合的に判断した結果、やむを得ず解任という決断に至りました」と説明。シュタルフ監督は「約1年9カ月と短い時間ではありましたが、共に戦ってくれた皆さんと過ごした日々は、私の人生を豊かにしてくれました。信州ダービーでの2連勝は一生忘れません」などとコメントした。

厳しい表情で奈良との戦況を見つめるシュタルフ監督

奈良に敗れた試合後、サポーターに深々と頭を下げるシュタルフ監督

前半33分、佐藤が相手GKと交錯しながら同点ゴールを決める

新体制、初陣はドロー

高木新監督を迎えたAC長野は首位の愛媛に1－1で引き分けた。勝ち点1を積み上げて30としたが、前節15位から17位に後退した。

長野は前節から先発3人を変更。4試合ぶりに先発した大野がセンターバック中央に入り、加藤と原田がダブルボランチを組む3－4－3で臨んだ。

長野は序盤に激しいハイプレスを仕掛けて主導権を握ったが、前半12分に自陣右からのクロスを頭で押し込まれて先制された。同33分に杉井の左クロスに走り込んだ佐藤が右足で決めて同点としたが、後半は近藤や山中が抜け出して決定機をつくりながら決められなかった。

首位相手に超攻撃的スタイル

前節終了後、成績不振から監督交代に踏み切ったAC長野の新指揮官に就いた高木新監督は「選手の特長をつなぎ合わせたものがスタイルになる」と語っていた。ならば、AC長野のスタイルとは何か―。満点回答とはならなかったが、ここから大逆転を目指すための戦い方は提示してみせた。

先頭で体現したのがワントップで起用された近藤だ。「理己さん（高木監督）が短期間でとにかく前から（プレスに）行く意識を植え付けてくれた」と、序盤から猛烈なハイプレスを仕掛け、愛媛のミスを誘って主導権を握った。

前半12分、FKを素早く再開した相手に一瞬の隙を突かれて先制されたが、推進力は衰えない。強気に縦パスを打ち込みチャンスをつくり続けると、同33分に素早く左サイドに展開。杉井がクロスを入れると、ゴール前に走り込んだ佐藤が「走れる選手が多いので、自分たちの強みが生きる。いい距離感で動けて誰もいないフリーになれた」と右足で同点弾を決めた。

近藤や佐藤ら運動量の豊富な選手がそろうAC長野の特長を前面に打ち出した超攻撃的なスタイル。高木監督は「常に攻撃するイメージ。（上位との）勝ち点差を埋めるにはそれしかない」と強い決意を込める。

ただ、シーズン途中に監督交代という劇薬を投じたならば勝ち点3をつかまなければならない。高木監督はFKから失点したシーンを振り返り、「あの一瞬で勝負は決まる。そこを埋めていけるかどうかが大切になってくる」と厳しい表情で残り13試合を見据えた。

後半40分からピッチに入った山中。試合終了間際、果敢に決勝ゴールを狙う

第25節　9.2.Sat　長野Uスタジアム(HOME)

長野　1 - 1　愛媛

勝ち点30

好セーブでピンチを切り抜けるGK金珉浩

選手たちがふさわしいプレーをした

高木監督「この状況（J2昇格ラインの２位まで勝ち点差11）だったので絶対に勝ちたかった。選手たちが（勝ち点３を）持ってくるのにふさわしいプレーをした。ただ、はい上がっていくためには勝ち点３が必要なので悔しい。90分間を通して、このクラブと選手たちが強いというのは改めて分かった」

秋山主将「（高木新監督の目指すプレーが）前半は特に表現できていたと思う。ただ、前半の失点に（首位の）愛媛の勝負強さがあったと思う。そこから自分たちも学ばなければいけない。この勝ち点１をしっかり次戦につなげたい」

大野（センターバック中央で４試合ぶりに先発）「セットプレーからの失点は悔しいけれど、前からプレスをかけてくれるので守りやすかった。ただ、引き分けはもったいないので、しっかり勝ち点を上積みできるようにしていきたい」

愛媛・石丸監督（12試合連続負けなしで首位キープ）「（監督交代で）相手が何をしてくるか分からない中で、前半はうまく相手にはめられて勢いをもろに受けてしまった。後半は相手の足が止まったが、最後まで（決勝ゴールを）こじ開けられなかった」

高木新監督が就任、練習に合流

AC長野パルセイロは８月29日、新監督に今月上旬までJ3今治を指揮した高木理己氏（45）の就任を発表した。高木新監督は同日の全体練習に合流し、初陣となる第25節愛媛戦に向けて、チーム再建をスタートさせた。

高木監督は千葉県出身。母校の千葉・市船橋高のコーチなどを経てJリーグの指導者に転身。京都や湘南のコーチ、鳥取の監督を歴任した。今季から今治を率いて第21節まで８戦負けなし（３勝５分け）で４位につけていたが、契約を解除されていた。

AC長野の村山哲也・強化ダイレクターは「サッカーの原理原則を大切にし、アグレッシブなスタイルでチームに勢いをつけてくれる。（今治監督の退任直前まで）８試合連続で負けていなかった強さも評価した」と説明した。

この日の練習で、高木監督は「相手DFの背後を取って」「ボールを取った瞬間、奪われた瞬間を大切に」と活発に指示を飛ばした。主将の秋山は「監督交代の責任は感じているが、いつまでも引きずっていてはいけない。新監督のやりたいことを理解してグラウンドで体現したい」と話した。

AC長野の練習に合流した高木新監督（中央）

高木新監督　一問一答

前に、縦に「オレンジの志」体現し勝ち点を

千曲川リバーフロントの練習場で取材陣の質問に答える高木新監督

高木新監督はチームの全体練習後に取材に応じ、J2昇格（２位以内）ラインと勝ち点差11の状況から巻き返しに向けての抱負を語った。主な一問一答は次の通り。

―監督を引き受けた理由、決意は

「（前任の）シュタルフ悠紀監督とは（Jリーグ監督に必須の）S級ライセンス取得の同期として１年間、一緒に過ごした間柄で、信頼し、尊敬している。悠紀がどういう思いでチームをつくったのかは想像できる。その部分で、少しでも自分が力になれるものがあるという思いがあった。あとは、契約書の中に『J2昇格』というフレーズがあった。クラブはまだ（昇格を）諦めていないということ。その姿勢を示してくれ、私自身のはい上がりたいという気持ちとマッチした」

―AC長野の現状の課題は

「課題は明確で勝ち点（を積み上げていくこと）。悠紀の掲げた『オレンジの志』（チームコンセプト）を受け継ぎ、それを体現できれば必ずはい上がっていける。体現することが突きつけられた課題だと思う。僕が（選手に指示を）言ったとしても、それは（チームコンセプトの）言葉を変えただけのもので、選手には『その本質にトライしていくことが大事だよ』と伝えた」

―指揮を執る初戦となる次節は首位の愛媛戦。勝てば勢いに乗れる可能性がある

「愛媛に勝ち、さらに勝ち続けたとしても（上位チームも）勝ち続けてしまえば、どうしようもない部分がある。『奇跡』に近いことを、引き寄せるためには、信じて目の前のボールに食らいついていけるか。スタイルはプレーする選手の特長をどうつなぎ合わせていくかによって変わるが、AC長野の、前に、縦に前進していくスタイルは脈々と受け継がれている。選手たちには前を向いてほしい。勇気を持ってターンし、前に入る。一人が前を向けば、スペースは前にある。そのスペースに走ってもらいたい。選手たちが『前を向きたい』『ボールを奪いたい』『勝ち点差11を埋めたい』と心の奥底から思い、その力を引き出して全てを愛媛戦にぶつける。力を出し切れば、必ず結果はついてくる。その光景を信じて、残り14試合を戦っていきたい」

高木イズム 熱き言葉①　高木理己

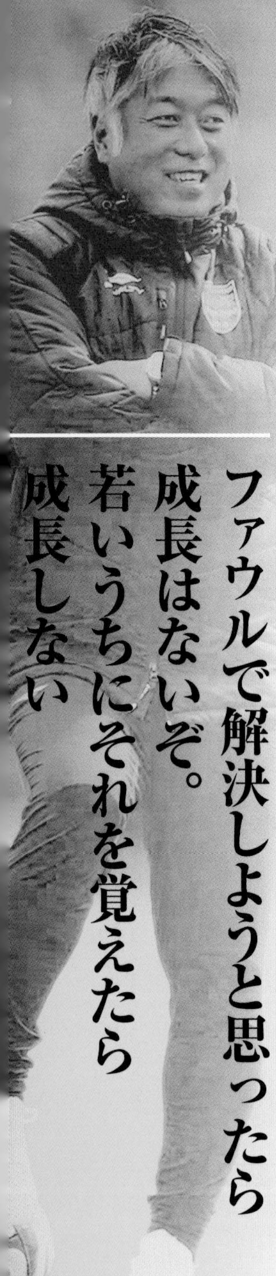

ファウルで解決しようと思ったら
成長はないぞ。
若いうちにそれを覚えたら
成長しない

―9月6日の練習。ミニゲームで、ボールを奪われて相手のユニホームをつかんで止めようとしたMF豊田晃大（20）に冒頭の言葉を発した。

「シンプルに豊田への思いと、チームの戦術行動としての『つながり（連係）』が大切だよという思いがある。

（後者の視点では）あの場面は、ファウルで止めなければ『もう無理だった』という状況ではなかった。ボールを取られた豊田の近くには、味方のファーストディフェンダー（最初の守備者）がいたはず。豊田はボールを奪われた後も、ほかの味方選手とつながって（連係して）、もしボールを奪い返せるような状況をつくれたら、気持ちを切り替えて攻撃に向かう準備をする。（攻守が）五分五分の状況ならば、両方に対応できるようにする。ボールが奪えない状況なら、連係して（守備の）カバーのポジションを取る必要があった。われわれ（チーム）はそれを求めている。

そして、あのシーンで豊田がボールを取られたとしても、その後で（連係して）味方とボールを奪えば、豊田が取られたプレーをポジティブに変えることができる。そうできるのであれば、豊田にも『ボールを取られても大丈夫なら、もっと積極的に奪いに行こう』という気持ちが生まれ、次のプレーにつながっていく。（チームも個人も）強気のサイクルのプレーで回っていける。奪い返してショートカウンターを決めたら、よりグッドなプレーになる。

だからこそ、軽率なファウルでプレーを止めると、チームとしての守備の連結（連係）が途切れてしまう。自分たちでストロングポイントを手放してしまうことになる。チームとして取り組んでいるプレーが「良いのか」「悪いのか」も評価できないままプレーが終わってしまう。チームとしてつながっていかない。

そして、もちろん、豊田が『フットボールってこういう考え方があるんだ』『俺のフットボールへの考えは、

まだまだ浅かったな』と思ってくれたらいい。足を止めずにプレーを続けることで（ミスした）一つ前のプレーを上回る（優位な）状況を、自分たち自身で生み出すことができる。

（監督の）俺の想像を上回るような、そういうプレーが、おそらくスタジアムを沸かせると思う。そういうプレーを見てみたい。豊田が上回るプレーを早く出してくれたらいいな、と思う。きょう（ファウルした練習の翌日＝7日）のあいつのプレーは良かった。あれを続けてほしい」　**（2023年９月７日・信濃毎日新聞デジタル掲載）**

【たかぎ・りき】千葉県出身。市立船橋高（千葉県）と帝京大で選手としてプレー。卒業後は母校・市立船橋高のコーチや山梨学院大付属高（現山梨学院高）の監督を経て、Jリーグの指導者に転身。京都や湘南のコーチを歴任し、2019～21年5月にJ3鳥取の監督を務めた。今季から今治を指揮し、第16節はAC長野に4－0で勝利。8月5日の第21節までで4位につけていた。同7日付で今治との契約解除。45歳。

第26節 9.9.Sat とうほう・みんなのスタジアム(AWAY)

長野 **1-0** 福島

勝ち点33

福島を下して４試合ぶりの白星を挙げ、順位を17位から暫定14位に上げた。

AC長野は５試合ぶりに先発した西村が原田とボランチを組む３－４－３で臨んだ。前半15分、細かなパス交換で中央を崩し、ゴール前でフリーになった佐藤が右足でゴール左に流し込んで先制した。後半は自陣で守備に追われる苦しい展開だったが、途中出場の宮阪や船橋、秋山らを中心に無失点のまま耐え、リードを守り切った。

前半に２点目取れた

高木監督「前半に２点目が取れる決定機もあったが、相手のシュートブロックに阻まれてしまった。あそこは狙った展開だったので、そこでゴールをこじ開けられなかったことが拮抗したゲーム展開を生んだ。後半は相手に主導権を渡しかけた場面もあったので、そういう部分はなくしていきたい」

佐藤（２試合連続となる今季４点目）「中央で味方がうまくパスをつないでくれて、気がついたらフリーで流し込むだけだった。(裏を狙う)『前へ』のプレーは相手も嫌がっていたので、それがゴールにつながったと思う」

金珉浩（今季出場13試合目で初の無失点）「まだまだ足りない部分も多かったけれど、無失点で勝ててうれしい。みんなが体を張って守ってくれたから。チームメートに『無失点、おめでとう』と声をかけてもらい、うれしかった」

福島・依田監督（９試合ぶりの黒星）「選手が持っている力を引き出せなかった。前半に決定機があって、後半も攻め込んでいたが、最後の部分で相手の嫌なプレーができなかった」

前半15分、先制ゴールを決めた佐藤(右)に原田が駆け寄る＝福島民報社提供

新体制で初勝利

球際妥協せず、猛攻しのぎ無失点

直近８戦無敗の福島が勢いに乗っていようが、「前へ」の強気な姿勢は崩さない。AC長野は前半15分、細かなパスをつないで鮮やかに中央を崩し、「気がついたらフリーだった」という佐藤が先制点を奪った。

ところが、ここから長くて苦しい耐える時間が続く。福島は攻撃の起点となる３バックが前線に効果的なパスを打ち込んだ。前節は猛烈なハイプレスを徹底して流れを引き寄せたAC長野だが、深追いすれば守備網を突破されかねないため、じりじりと後退。特に右サイドで突破を許しては何度もクロスを上げられ、いつ失点しても不思議ではなかった。

それでも、決壊はしない。「理己さん（高木監督）に替わり、練習から守備でも最後まで諦めずに走り、球際も妥協せずにやってきた」と西村。心折れることなく福島の猛攻に耐え、６試合ぶりの無失点勝利を手にした。

高木監督の就任２試合目での初勝利は勢いに乗れる大きな要素。ただ、大逆転を狙う立場で得失点マイナス10という現状を考えれば、複数得点の勝利をつかみたいのが本音だろう。

試合後、好セーブを続けながら出場試合で無失点がなかった先発のGK金珉浩（キム・ミノ）が喜ぶ姿が。高木監督は「ミノが初の無失点で、選手たちが喜び合っていた。本来であれば２点目が取れればよかったが、それ以上に無失点の達成感があったことをたたえたい」。満点の出来とはいかなかったが、チームの結束が強まる勝利を手にした。

がんばれ!
AC長野パルセイロ!!
マイチャン。
マイチャン。テレビ信州

6

MY PRIDE

佐藤祐太

「他者満足」がプロの責任

勇気を持って相手に立ち向かい、ハードワークを生かしてボールを奪う。激しいボールの奪い合いが生まれる中盤が、僕の主戦場です。「ミスするかも」と躊躇するよりも「負けたくない」と挑んで砕けた方がいい。完全燃焼のプレーを通して、スタジアムに足を運んでくれた人たちの心を揺さぶれるかがプロ選手の仕事だと思っています。

人一倍の負けん気の強さは母譲り。小学生の時から試合や練習でふがいないプレーをするたびに、母に「何で一生懸命にやらないの」「何でボールに（厳しく寄せに）行かないの」と叱られました。2年生の時に練習中に左腕を痛め、泣きながら母に駆け寄っても「スクールはまだ終わっていないから続けなさい」と突き放されました。練習後に病院で診察を受けると骨折していました。

中学2年生の時、試合中のプレーについて母に責められました。反論すると「素人目で見ても下手くそ」ときっぱり。心に突き刺さりましたが、返す言葉が見つからない。その日から「誰が見ても『あの選手はうまい』と思ってもらえるようにならなければ、上のステージには行けない」と練習に明け暮れるようになりました。

前橋育英高（群馬）を卒業し、専大時代はなかなか試合に出ることができない苦しい時期でした。それでも「見る人」への意識は持ち続けていました。有料の試合もあり、コーチの「払ってもらったお金に値するプレーをしろ」という言葉を常に胸に刻んでプレーしていました。

ただ、本当の意味でサッカー選手として生きていく覚悟が固まったのは、YS横浜で第一歩を踏み出したJリーガーの1年目です。当時は「アマチュア契約」だったため、生活費を稼ぐために親戚が経営する会社で働きました。塗装や改修工事の現場で業者との交渉も経験しました。でも、サッカーを生活の中心に考えていたので、仕事の準備がおろそかになり、壁にぶつかる日々。仕事のストレスをサッカーにぶつけるようになり、プレーの質が落ちる悪循環に陥り、1年目は出場試合ゼロに終わりました。

サッカー選手にかかわらず、プロの仕事は報酬に見合う結果を出すことです。計画、実行、反省、改善…。ストイックに追求しなければ、誰もが認めてくれる結果を残すことはできないと痛感しました。

2年目以降はアルバイトに切り替えて、可能な限りサッカーに全力を注ぎました。そのタイミングでYS横浜の監督に悠紀さん（シュタルフ前監督）が就任。サッカーに対する考え方を深く学べたことも成長につながりました。食事管理も徹底し、練習だけでなく日々の生活も含めて妥協せずに週末のリーグ戦に向けて準備しています。

Jリーガーの仕事はスタジアムに足を運んでもらったサポーターにプレーを見てもらい、喜んでもらうこと。「自己満足」に終わらず「他者満足」に行き着くことがプロとしてのゴールです。

念願のプロ契約をつかんだYS横浜での3年目。母に「おまえは言われた方がやるから、あえて厳しく接していた。でも、ずっと信じていたよ」と言われ、感謝の思いで胸がいっぱいになりました。そんな母には、いまでも、ふがいないゲームをすると「情けない試合をするのはやめて」と叱咤されます。情けない試合が続いているいま、僕らはプロとしての価値が問われていると思っています。

【さとう・ゆうた】J1横浜Mの下部組織から群馬・前橋育英高に進学。専大を卒業した2018年にJ3のYS横浜に入団し、4季プレー。YS横浜時代の指揮官だったシュタルフ悠紀前監督とともに22年にAC長野に完全移籍した。MF。28歳。神奈川県出身。

（2023年9月1日掲載）

MY PRIDE

キムミノ

日本で成長 仲間が支えに

18歳の時に韓国から来日して6年目。最初は「数年プレーしたら韓国に戻るのかな」と思っていたけれど、いまはずっと日本でプレーしたいと思っています。プロとして確かに成長できた実感があるからです。

サッカーに出合ったのは10歳の時です。2010年のワールドカップ（W杯）に刺激を受けて競技を始め、高校3年時にU－18（18歳以下）韓国代表に選ばれました。プロへの道を探る中で、代理人に「日本でプレーしてみないか」と声をかけられました。

Jリーグでは、川崎の鄭成龍（チョン・ソンリョン）やC大阪の金鎮鉉（キム・ジンヒョン）ら韓国代表GKが活躍していました。韓国でプロになる選択肢もありましたが、「日本で活躍して代表に入りたい。チャンスはいましかない」とオファーのあったJ1鳥栖でプレーする決心を固めました。

来日して最初にぶつかったのは「言葉の壁」でした。GKはセーブの技術だけでなく、守備位置やマークを味方に指示するコーチングの力も必要です。でも、指示しようにも日本語が分からない。「右」「左」「背後」「寄せろ」…。頭でピッチの状況を理解していても日[illegible]失点する悔しい思いもしました。「日本語が話せなければサッカーができない」。GKは一人しか試合に出られないポジションだからこその孤独も感じました。

地道にサッカーに必要な日本語を勉強する一方、優しいチームメートに助けられました。特に、同じGKの高丘くん（高丘陽平・米MLSホワイトキャップス）に教えてもらった「頑張りましょう」という言葉は、いまでも心に残っています。練習から細部にまでこだわるプロの姿勢も学びました。でも、練習生時代を含めて約3年間過ごした鳥栖では公式戦出場のチャンスをつかめませんでした。

出場機会を求めて2021年にAC長野に移籍しました。それでも1年目はけがの影響もあって試合に絡めない日々。プロデビューが遠く「日本にいる意味はないのかな」と悩み、一番苦しかったです。

その時も仲間が支えてくれました。昨季限りで現役引退した東くん（東浩史・長野日大高コーチ）が「ミノなら試合に出て活躍できる。まだ若いし、必ずチャンスをつかめる」と声をかけてくれました。その言葉で頑張ることができ、そのシーズンに念願のプロデビュー。苦しい時期を乗り越え、心身ともにレベルアップできたことで、少しずつ試合に出るチャンスをつかめるようになりました。

実は来日する前、日本人は韓国人のことが嫌いなのかなーという先入観を持っていました。歴史的な背景もあり、両国の関係が良好といえる状況ではなかったからです。でも、実際に日本の人々やチームメートに接すると誰もが親切に優しくしてくれました。誤った先入観が消えたことが、5年以上も日本でプレーできた大きな理由だと感じています。

いまは日本でプロになれたことを誇りに思っています。だからこそ、自分を信頼して支えてくれる仲間と一緒にJ2昇格をつかみたいと思っています。

【金珉浩（キム・ミノ）】韓国出身。2017年にU−18（18歳以下）韓国代表GKに選出され、韓国・輔仁高を卒業後、1年間の練習生を経て19年にJ1鳥栖に入団した。21年に期限付き移籍でAC長野に加入し、同年にプロデビュー。22年に完全移籍すると、192センチの長身を生かしたセーブ力で、今季はリーグ戦第20節までに自己最多10試合に出場。23歳。

（2023年8月3日掲載）

高木イズム 熱き言葉② 高木理己

「リスクマネジメント」という言葉は、リスクを冒すからあるんだ

福島に競り勝ち、監督就任2試合目で初勝利を挙げた高木理己監督。残り12試合でJ2昇格ライン（2位以内）とは勝ち点差9と厳しい状況をどう乗り越えて行くか。アウェーの今治戦を控えた9月14日の練習では円陣を組んで選手たちに熱い言葉で訴えた。

◇

一般的に「リスクマネジメント」や「危機管理」という言葉があるけれど、それ以前に「危機が起こるような状況を作ってない」というケースが結構ある。それを、いまの自分たち（AC長野）に当てはめると、どういうことなのか。

俺らの順位（15位）や状況（残り12試合でJ2昇格ラインまで勝ち点差9）を考慮したらJ2昇格よりも「まずはJFLに降格しないようにしよう」と考えるのが普通でしょ。ただ、幸いに今季のJ3は大混戦。俺らでも「J2昇格を目指す」と口に出して言っていい状況かもしれない。そして、9月の成績次第では胸を張って言える状況に出来るかもしれない。

でも、冷静に考えれば現時点で上（J2）を目指していること事態が、既にリスキー（な目標）なんですよ。順位だけでなく、得失点差もマイナス10。勝ち点で並んだだけでは順位で上に行けない。「現実を見てみろよ」と言われるのが普通ですよ。だからこそ、この状況をひっくり返すためにはハイリスク、ハイリターンの戦いをしていかなければならない。にもかかわらず、実際の試合でガチガチに自陣に引くような手堅い試合をしていたら、見ている人は「え、何これ？」と疑問を抱く。

俺は「こうありたい」という意志と「こうする」という行動をイコールに近づけていきたい。（一般的に）「人ってこうありたい」「こう生きていきたいよね」と言いながらも、実際の行動を見ると「え、言っていることと違うじゃん」という場合もある。意志と行動がイコールではない時に人はストレスが生まれると思っている。「弊社は良い企業風土です」とうたっていても、実際の中身はブラック企業というケースもある。「こうありたい」という意志と「だから、こうする」という行動がイコールの状態になると、人はそこに、やりがいや生きがいを感じると思う。

冷静に見れば、俺らの状況は「J3残留争い」「まずJ3残留が目標」だと思うけれど、それで選手たちの心に火がつくのか。選手たちの心は、まだメラメラしている。この状況で「J2昇格を狙う」と言う以上は、とにかく、リスクを冒す（攻守でアグレッシブな）行動を貫くしかない。そのためには、1点でも2点でも3点でも多くゴールを奪って粘り強く戦えるか。1点で終わりではなく（リードしていても）2点目を奪いに行くような姿勢を最後まで貫けた時、初めて、状況次第で「もしかしたら（昇格できるかも）」となれると思う。

今節（9月16日）の今治戦に挑む姿勢で考えれば「（前節の福島戦を）1-0で勝った」ことに満足するのではなく「あのゲームでは駄目だ」「もっと、ゴールを狙いに行かなければ駄目だ」「もっとボールを支配しなければ駄目なんだ」という気持ちで、ゲームに入らないといけない。それが大事だと思っている。

だから、リスクマネジメントの話を選手たちにした。積極的に攻めて「ここで相手にボールを出されたら、このスペースが空いてしまう」「守備はどうすればいいですか？」と言われても、「それは、その時になって考えろ」というぐらいの覚悟を持たなければ、勝ち点差9は埋まらないと思っている。「まずはトライして、その後で、次のことを考えよう」と。理屈で考えれば俺らはJ2昇格を目指せる状況ではない。でも、その理屈に対して、俺らは「そうじゃない」と言っている。自分たちが、そうありたいという意志を持つならば、リスクを冒さなければいけない。それを選手たちに伝えておかなければいけないと思った。

（2023年9月14日・信濃毎日新聞デジタル掲載）

第27節 9.16.Sat 今治里山スタジアム(AWAY)

長野 0-2 今治

勝ち点33

序盤に波乱 一発退場で暗転

後半、中盤からパスを出す西村＝愛媛新聞社提供

2失点で今治に敗れた。3試合ぶりの黒星で順位は暫定15位。

AC長野は山中が今季初先発でワントップに入る3-4-3で臨んだ。前半12分に3バック中央の大野が一発退場し、与えたFKから今治の照山に決められて先制された。数的不利になって主導権を握られると、同47分に縦パスに抜け出したマルクスビニシウスに追加点を奪われた。後半は途中出場の森川の突破や積極的なプレスからチャンスをつくる場面もあったが、ゴールを奪えなかった。

数的不利で主導権握られ2失点

スタジアムは開始前から異様な熱気と緊張感に包まれていた。AC長野はJ2昇格に望みをつなぐためにも落とせない試合で、今治にとっては8月まで指揮を執った高木監督が率いる相手との因縁の対決―。互いに「絶対に負けられない」という意地が激突した一戦は、波乱の立ち上がりが待っていた。

前半12分、今治の出足鋭いプレスからボールを奪われた3バック中央の大野が相手のユニホームを引っ張って一発退場に。直後のFKから豪快なシュートをたたき込まれて痛恨の先制を許した。

この退場と1点が重かった。数的不利で完全に主導権を握られると、前半終了間際には警戒していたマルクスビニシウスに2点目を献上し、杉井は「(体力も)きつかったけれど、失点した時間帯がいけなかった」と声を落とした。

大野は試合後、取材対応するミックスゾーンを通らなかったため、退場を招いたプレーの真意は分からない。ただ、就任直後から「最後まで全力でプレーしなければ失点の良しあしも評価できない。次につながらない」と強調していた高木監督は「(プレーを)放棄して負けた。サポーターに絶対に見せてはいけないプレーだった」と厳しく指摘した。

8戦負けなし(3勝5分け)で当時4位ながら今治に契約解除を通告された高木監督は「今治で学んだことは『明日はない』ということ。だから、明日がどうなってもいいようにベストを尽くす」という覚悟で今節を迎えたという。選手たち一人一人に、その覚悟はあったのだろうか。

見せてはいけないプレーが続いた

高木監督「(前半15分の)失点につながるシーン。(大野が)ボールを奪われた後に手で相手を止めたけれど、GKも準備し、ほかのDFも戻っていたら(失点につながったかどうか)分からない。2失点目に至る場面も、足が止まっている選手がいた。プレーを放棄したことが負けにつながった。絶対にサポーターに見せてはいけないプレーが続いた。監督として悔しい」

原田「後半は(チャンスもつくり)勝ちにいく姿勢を見せられたけれど、10人の戦いは個人的にも初めてできつかった。足を動かし続ける姿勢をもっと追求していかなければいけないと痛感した」

山中(今季初先発)「(退場で)10人になって、自分が前線で走って起点になろうと思ったが、結果につながらなかった。チャンスが巡ってきたので(ゴールという)結果を残したかった」

今治・工藤監督「前半終了間際に2点目が取れたことが大きかった。後半は相手も(攻撃的に)前に出てくると思ったので、その隙を突ければと思っていた。ただ、追加点を奪えず、その部分は課題が残った」

山中3発 光明差す快勝

ハットトリックを達成し、両腕を広げて駆け出す山中

前半、原田が素早いプレスから体を張って相手のボールを奪う

彼がチームに物差しを示してくれた

高木監督「選手たちには『サポーターの皆さんがユニホームを着て堂々と帰路につけるような試合にしよう』と声をかけて臨んだ。選手たちはそれに見合う価値がある試合をしてくれた。ハットトリックした麗央（山中）はシュート技術だけでなく、守備でも力を発揮し、プラスアルファのものをチームにもたらしてくれる。彼がチームに（戦う基準の）物差しを示してくれた」

池ケ谷（出場停止の大野に代わって3バック中央に入る）「味方がプレスに向かう中で裏のスペースにピンチができるのは分かっていたが、防げずに失点してしまった。でも勝って終われた。次節は無失点で締めたい」

船橋（5試合ぶりに先発し、3バックの右に入る）「フィジカルや走力を生かして相手を止めることができた。前線の選手が（プレスで）出て行くので最終ラインもしっかり連動してチームとしてつながることができた」

山中のハットトリックの活躍で富山に3-1で快勝した。AC長野は2試合ぶりの白星で勝ち点を36に伸ばし、前節の16位から暫定13位に上がった。

長野は出場停止の大野を欠き、前節から先発2人を入れ替えた。ともに5試合ぶりに先発復帰した森川が左ウイングバック、船橋が3バックの右に入る3-4-3で臨んだ。

前半4分、音泉の右クロスの折り返しを山中が左足で合わせて先制した。同22分には富山の最終ラインからボールを奪った山中がそのままゴールを決めて2点目。後半14分にはゴール前のこぼれ球を押し込んだ。同34分に富山に1点を返されたが、リードを守り切った。

第28節 9.23.Sat 長野Uスタジアム(HOME)

長野 **3-1** 富山
勝ち点36

後半14分、相手ゴール前で小西（右から２人目）が倒された後のこぼれ球を、山中が冷静にけり入れ、ハットトリックが決まる

10番背負う24歳、負けられぬ一戦で覚醒

３度浮かべた会心の笑顔にはどんな思いが込められていたのか。勝ち点差10がある２位富山との対決。ハットトリックを達成した山中は「ずっと苦しくて、早くゴールが欲しかった。本当にうれしい」。今季からエースナンバーの10番を背負う24歳が、負けられない一戦で覚醒した。

今季初先発だった前節の今治戦は、前半12分の大野の一発退場で10人の戦いを強いられ、十分な働きができなかった。その鬱憤を晴らすように攻守で縦横無尽に駆け回った。

前半４分の今季初ゴールもさることながら、持ち味を発揮したのは同22分の２点目だ。左サイドで三田が仕掛けたプレスに相手DFがたまらずバックパスを出すと、一気に距離を詰めてボールを奪取。そのまま突き進んでゴールネットを揺らし「きれいな形ではないけれど、自分らしさが詰まっていたと思う」と誇った。

昨季はルーキーながら６得点を挙げる活躍を見せ、今季からエースナンバーを託された。しかし、結果が出ない日々。「自分のグッズがすごく売れたみたいで…。自分らしい10番を目指していたけれど、期待に応えられなくて重圧もあった」と打ち明ける。

壁を乗り越え、「守備でも泥くさく、献身的に走ってゴールを奪う。それが自分らしさ」ときっぱり。残り10試合でJ2昇格ラインと勝ち点９差。苦境をはね返すにはエースがゴールを挙げ続けるしかない。

節 9.30.Sat タピック県総ひやごんスタジアム(AWAY)

野 **2-2** 琉球

37

終了間際、白星するり

後半36分、チーム２点目のゴールを決めて喜ぶ三田(右から２人目)＝琉球新報社提供

2度リードも耐えきれず

「ゴールを決めても、すぐに『もう１点いくぞ』という姿勢が必要」。大逆転を狙う上でAC長野が求められているものを高木監督が表現した言葉だが、終了間際の後半49分に同点弾を許して引き分けた痛恨のゲームは、その言葉を選手たちがどう解釈したのか、難しさを浮き彫りにした。

琉球のピッチの幅を使った巧みなボール回しに得意のハイプレスをかわされ、なかなかリズムをつかめなかった。それでも後半24分、途中から1.5列目に上がっていた音泉が、山中のシュートがポストに跳ね返されたボールを押し込んで先制。しかし、気温29.2度という暑さで消耗し、「強度も緩かった。前に行かなければいけないけれど、チームで引いて守って楽をした部分があったのかも」と音泉。琉球の反撃を受けて8分後にあっさり失点。後半36分に三田が勝ち越し弾をねじ込んだが、再び自陣に引きこもり、耐えきれずにゴールをこじ開けられた。

高木監督が問題視したのは２失点目の直前のシーン。自陣左サイドでボールを奪った杉井が、クリア気味にサイドに蹴り出し、それを回収した琉球が攻撃を再開した。「味方もいて数的優位の状況で簡単にボールを手放した。失点よりも、その姿勢が悔しい」と語気を強めた。

ただ、杉井も「ボールをつなぐのがベストだったかもしれないが、内側に入れてパスをさらわれて失点したら一生の後悔だった」。攻め抜くのか、引くのか、ボールをつなぐのか、クリアでしのぐのか—。判断の是非よりも〝強気の定義〟を共有しなければ、上位陣との勝ち点差は縮まらない。

琉球と引き分け、14位から暫定12位に上げた。

AC長野は前節からスタメン１人を変更。負傷離脱した佐藤に代わって今季初先発の小西が1.5列目に入る３−４−３で臨んだ。

長野は後半24分に山中のシュートの跳ね返りを音泉が押し込んで先制。同32分に追いつかれたが、４分後に原田のシュートの跳ね返りを三田が頭で押し込んで勝ち越した。しかし、終了間際に琉球の柳に同点ゴールを許し、２連勝を逃した。

我慢比べのゲーム

高木監督「勝つことでしかはい上がれないチームが勝ち越し点を奪った後に徐々に押し込まれたが、それでも(ボールを持つ相手に)ファーストディフェンダーを決めて、はね返し続けて我慢比べのゲームだった。その中で(終盤に)数的優位な状況があったのに、簡単にボールを手放した。その姿勢が、監督として悔しい」

三田(後半36分にチームトップの今季７点目)「敵陣までボールを運んでいたけれど、なかなかビッグチャンスがつくれない中で、こぼれてきた球を気持ちで押し込めた」

音泉(後半24分に今季初ゴール)「監督に『前に上がってチャンスをつくれ』と言われたので、点を取ってこいという意味で受け取った。２シーズンぶりのゴールはうれしい」

原田「守備の時に相手のボランチが低い位置を取っていたし、ワンタッチプレーも多かったので、なかなか前に(プレスに)行けなかった。みんなで守備の意識を共有しなければボールは奪えない」

高木イズム 熱き言葉③ 高木理己

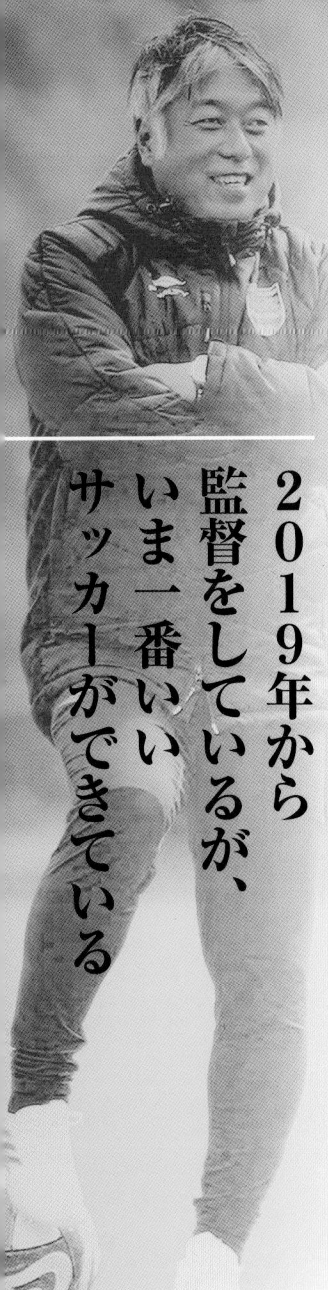

2019年から監督をしているが、いま一番いいサッカーができている

—10月4日の全体練習終了後、円陣で選手たちに冒頭の言葉を伝えた。

「俺の中では、みんな（選手、スタッフ）が同じ物差しや同じ基準を持って、それぞれの立場で同じ目標に向かっている感覚がある。鳥取を率いていた19年や（今季途中まで指揮した）今治の時よりも、いまの方が選手にクリアに（チームとして戦う姿勢が）伝わってるんじゃないかな、という思いがある。もちろん、そのフットボールは、いまが限界ではない。もっと攻撃で相手を押し込みたいし、『なぜ、そこでミスするんだよ』『そんな場面でミスするレベルじゃないだろ』と思う時はたくさんある。でも（チームとして）やろうとしてること、狙っていることに関しては『いまが一番いい』と自分は思えている」

—選手やスタッフ全員が同じ方向を向いているからか。

「選手たちの本当（本音）のところは分からないですけどね（笑）。でも、別に（選手が）そっぽを向いていても全然いい。そっぽを向かれていたとしても、俺は攻撃的なサッカーで戦うことは変わらない。そのために準備するし、選手には受け身ではなく、能動的であってほしい。その指針（方向性）さえ全員で共有できていれば、チームとしてそっぽを向いてることにはならないので。選手がどう思っているのかは分からないけれど、監督の自分自身としては『（一番いいチームと思える）感覚がある』ということ。だからこそ、勝ちたい」。

—先週に比べて、監督の選手に対する声かけが、厳しい指摘よりも前向きな内容になった印象がある。

「そういう（消極的な）プレーが減ったからじゃないかな。例えば、きょうの紅白戦で（センターバックの）大野がピンチをカバーしたシーンがあった。大野は『俺の見せ場が来たぜ』みたいな感じで楽しそうにやっていた。選手同士が互いに（激しい）攻防を楽しんでいるような感じだった。監督の俺が、うるさく言って（選手が）攻撃的になったとしても、それは本当の意味で攻撃的になったわけでじゃない。（動物が）獲物を捕るのは食べたいからだ。同じように、彼ら（選手）の内側から湧き上がってくるものでなければ、本当の攻撃的な姿勢とは言えないと思う」

—意識して前向きな言葉を選手たちに投げかけたわけではない、と。

「ないですね。人（選手）を意識的にどこかに誘導しようと思った時点で駄目になる。そもそも監督の俺が、自分に対して『おまえには、そんな力はないし、偉くもない』と思っているから。それに（映画などの）台本のように『こういうふうに（ストーリーを用意して）導こう』と思って導かれるほど（プロの）選手は甘くない。誘導されるような選手は高が知れている。むしろ『こいつ（監督）はうそを言っているな』『だまされないからな』って思っていてもらわないと、逆に困る（笑）。それよりも、さっき言った（チームとして）揺るぎないものを選手と共有できているかどうか。いまは、それが共有できているように感じる」

—選手たちのプレーを見て、内面から攻撃的な姿勢が湧き上がっているように感じたのか。

「純粋にそう思ったので、選手たちに伝えておきたいなと思った。言葉にしないと、伝わらない。それを聞いて、選手たちが、どう思うかは勝手ですけどね（笑）。でも、少なくとも俺がそう感じていることを伝えた。『だからこそ勝ちたい。結果につなげたい』という思いも一緒に」

（2023年10月6日・信濃毎日新聞デジタル掲載）

押し込まれ 前進つぶされドロー

前半24分、西村（右から２人目）がゴール前で体を反転させ、倒れ込みながら先制のシュートを決める

今季初先発した丹羽がドリブルを仕掛ける

前半、右サイドから突破を仕掛ける音泉

第30節 10.8.Sun 長野Uスタジアム(HOME)

長野 **1 - 1** 八戸
勝ち点38

八戸と1-1で引き分けた。2試合連続で引き分け、勝ち点38で14位から15位に下げ、優勝の可能性はなくなった。
AC長野は前節からスタメン2人を変更。今季初先発の丹羽を1.5列目で起用し、高橋が3バックの右に入る3-4-3で臨んだ。
前半24分に三田の左クロスのこぼれ球を拾った西村が右足で決めて先制。しかし、後半11分に自陣左から崩され、八戸のサンデーに同点弾を許した。その後は相手のハイプレスに押し込まれ、カウンターからチャンスをつくったが勝ち越せなかった。

とにかく次に全力注ぐ

高木監督「勝ち点3しか望んでいない状況の中、最後まで(勝利を)つかみにいったが、力が及ばなくて申し訳ない。選手たちの精いっぱいのプレーを勝ち点3につなげてあげられないのは自分の責任。練習からちゃんとやるべきことをやらなければいけない。それを突きつけられた勝ち点1(引き分け)だった。とにかく次の信州ダービー。そこに全力を注ぐだけ」

杉井「対戦相手による分析も進む中、相手はロングボールを蹴ってきて、いつも以上にプレスがはまらなかった。前半からそこがうまくいかなかった」

池ケ谷「前半は相手が前線に入れてくるボールのタイミングがちぐはぐだった。でも、後半はパスの受け手と出し手のタイミングをしっかり合わせてきたので、裏のスペースを突かれる場面が多くなってしまった」

西村(24試合ぶりとなる今季3点目)「ゴール前でいい形で相手DFと体を入れ替えることができた。最後は感覚で体が勝手に動いた。久しぶりのゴールなので自信にしたい」

八戸・石崎監督「後半はいい形でボールを奪って、テンポよくチャンスをつくれていた。前半は直接サンデーにボールを送るシーンが多かったが、後半はサイドや中盤も経由しながら攻めてサンデーを生かせた」

昇格絶望的　求める型、ものにできるか

J2昇格へ、かすかな望みをつなぐために必要なのは勝利だけだった。引き分けに終わったAC長野の選手たちが重苦しい雰囲気に包まれたのは、昇格が絶望的という現実とともに、チームが目指すスタイルを体現できなかったからではないか。
八戸の単調な攻めにも助けられて幸先よく先制したが、後半に入ると様相が一変した。「相手は前線と意思を共有して長いボールを入れてくるようになった」と池ケ谷。押し込まれる展開が続いた中で後半11分に追いつかれ、その後は八戸の猛烈なハイプレスを受けて前に進めない。逆襲やロングボールから単発の好機はつくったが、高木監督が掲げる「前へ」のスタイルは影を潜めた。
同点を許したシーンは、自陣左から中央に通されたスルーパスの直前に最終ラインの高橋が前に飛び出したことが発端。高木監督は「高橋は(展開を)先読みしてパスが入る前に動いてしまった。(守備の)原則から外れていた」と指摘する。
守備陣のリスク管理、プレスをかいくぐる攻撃の引き出し…。攻守の細部を突き詰めて徹底しなければ「前へ」のスタイルは貫けない。それを捨てて相手の出方に合わせる戦い方もある。ただ、高木監督は「われわれには『型』(スタイル)がある。しっかりした型をつくらなければ勝ち続けることはできない」ときっぱり。残り8試合。せめて胸を張れる〝AC長野らしさ〟をつくり上げてシーズン最終盤を駆け抜けたい。

試合終盤、AC長野は勝ち越し点を狙って(右から)森川、西村、小西が立て続けにゴールに迫ったが実らず、天を仰いで悔しがる

前半、相手ゴールに迫る音泉

攻め込む松本山雅のFW小松（左）と競り合う大野

信州ダービー第3幕 劣勢に色失う

松本市のサンプロアルウィンで直接対決した松本山雅との信州ダービー今季３戦目。1万2457人の観衆が詰め掛けた試合は０－１で敗れ、ダービー３連勝はならなかった。AC長野は４試合ぶりの黒星で３戦未勝利のまま勝ち点38の15位で変わらず。

長野は４試合ぶりに先発した大野を３バックの中央で起用。頂点に山中、1・5 列目に三田と森川が入る３－４－３で臨んだ。

序盤から松本山雅が攻勢。前半44分に山口のパスを受けた小松がゴールネットを揺らしたが、オフサイドの判定でノーゴールに。長野は後半３分に森川が決定機を迎えたが松本山雅の藤谷がシュートブロック。両チーム無得点のまま推移した。

後半41分、松本山雅のGK村山が蹴ったFKから、こぼれ球に抜け出した野沢に右足で決められた。

雰囲気にのみ込まれ、与えたCK・FK29本

「確実に越えていけ」。信州ダービーで３連勝を狙ったAC長野の高木監督が、今節に向けた練習で繰り返した言葉だ。前へ、前へ圧力をかけてくる松本山雅の守備包囲網を突破できるかが勝負のポイントとにらんでいたが、試合が始まると目を疑うような光景が待っていた。

ピッチ上の選手たちは、アルウィンの大一番の雰囲気にのまれていた。「連係が良くなかった。みんなボールばかりに目がいってしまい、周りが見えていなかった」とボランチの原田。じわじわと距離を詰めてくる相手のプレスの背後にスペースはあったが、簡単な縦パスがずれたり、カットされたりして敵陣に踏み込めず、防戦一方になった。

後半になると松本山雅の出足が鈍ったことで流れを引き寄せる時間帯もあったが、相手に与えたCKとFKは計29本。「あんな数のセットプレーは練習でも経験がない」（池ケ谷）という猛攻をはね返しきれず、後半41分についに決壊した。

８月下旬の就任後、「敵陣に近づくほどJ2昇格に近づく」と表現して攻撃的スタイルを掲げていた高木監督。「はい上がっていくためには（信州ダービーが）ラストチャンスだと思っていた。力不足を痛感している」と重い口調で振り返った。

劣勢の試合中、選手間ではロングボールを蹴って打開する案も出たという。池ケ谷は「僕たちのサッカーはパスをつないで、前に押し出すことで勢いが生まれる。逃げるのは良くない。『やり続けよう』と確認した。でも、臨機応変に対応する力がない」。プライドだけでは勝てない現実を宿敵に突き付けられた。

はらわた 煮えくり返る

高木監督「（守勢の前半は）戦術のエラーだとは思っていない。強いて言えば、アルウィンの歓声、雰囲気に、いつもならしないパスミスや相手のファーストラインの背後で仕掛けようとしたところでのミスが多かった。それを引き出したのは松本山雅の圧もあるが、プラスアルファでアルウィンの歓声、ダービーがつくり出す雰囲気が理由。（先制ゴールを）入れられた時間帯を含めて悔しいし、はらわたが煮えくり返っている。（この先も）もう一度プライドを懸けて向かっていくことに尽きる」

音泉（前半13分、ゴール前で相手DFをかわしたものの逸機）「仕留められていたら、すごく価値があったと思う。自分の位置（右サイド）から打開できると思ってボールを要求したけれど、歓声もすごくて、雰囲気も違って味方に声が届かなかった」

山中「プレスはある程度、連動できていたと思うけれど、相手に（ロングボールを）蹴らせた後に回収できなくて走らされてしまった。相手の勢いもあったかもしれないが、自分たちがもっと落ち着いて力を出せれば良かった。勝てなくて悔しい」

森川「失点の場面で（野沢に）対応したのは自分だった。対応が悪かったと思う。そこでしっかりできていれば…。まだまだ力が足りない」

第31節 10.15.Sun サンプロアルウィン(AWAY)

長野 **0 - 1** 松本山雅

勝ち点38

後半終了間際、山本(右)がヘディングシュートを放つが、ゴールならず

後半、松本山雅の攻撃をはね返そうと跳び上がる山本(33)、森川(16)ら

後半41分、相手のロングボールから隙を突かれて先制点を許し、険しい表情を見せるAC長野の選手たち

節　10.22.Sun　長野Uスタジアム(HOME)

野 0-2 FC大阪

38

がから復帰し、前半に果敢な攻めを見せた近藤(中央)。チャンスにゴールが奪えず悔しがる

力なく連敗 沈むホーム

FC大阪に零敗した。2連敗で、順位を16位に下げた。

AC長野は前節から先発4人を入れ替えた。故障から6試合ぶりに復帰した近藤をワントップで起用。宮阪と加藤がダブルボランチを組む3-4-3で臨んだ。

前半は両サイドに展開しながら敵陣に押し込み、森川の突破などでチャンスをつくったが決められなかった。後半2分にCKを頭で決められて先制されると、20分には池ケ谷のバックパスを奪った木匠に追加点を決められた。

後半34分から出場した藤森(中央)。相手ゴール

プロの姿勢を見せなければ

高木監督「前半は近藤が(攻守で)相手に重圧をかけてくれたこともあり、悪いゲームではなかった。ただ(近藤が交代した)後半は別のゲームになってしまった。ミスから2失点したのに、顔を下げて消極的なプレーになってしまった。プロである以上、勝利に対してプロの姿勢を見せなければいけない。ただ、それは全て監督である自分の責任」

近藤(左脚のけがから復帰し、6試合ぶりに先発)「出るなら『45分間』と言われていた。いまの自分にできるプレーはできたと思う。試合の流れを見ると、先に1点取れていれば違ったと思う。チャンスもあったので決めたかった」

加藤(7試合ぶりに先発)「前半は落ち着いてボールを動かせていたと思うが、ゴールに向かう回数をもう少し増やせればよかった。『前後半の始めと終わりの10分は集中しろ』という鉄則から考えれば(後半2分の失点は)隙があったと思う」

秋山主将(8試合ぶりに先発)「パスミスや配置がかみ合わない部分もあり、後半はなかなか前進できなかった。(前節の)松本山雅戦でもそうだった。練習からしっかりやっていくしかない」

復帰の近藤猛プレス、退いた後半2失点

「やる気あるのか」「気持ちを見せろ」。サポーターが陣取ったスタンドから容赦ない批判が浴びせられた。今季、JFLから昇格したFC大阪に0－1で敗れた6月の雪辱を果たすはずが、ホームで力なく完敗。主将の秋山は「サポーターからもらった厳しい言葉がすべてだと思う」と沈痛な表情で言葉を絞り出した。

高木監督は「すべては自分の責任」としつつ「お金を払ってでも見たいと思うプレーをするのがプロ。きょうの試合は違った」と語気を強めた。

その点でただ一人、プロの姿勢を見せたのが、故障から6試合ぶりに先発復帰した近藤だった。「自分が前(ワントップ)で出る意味を考えてどんどん攻めた」と、猛烈なスピードでプレスとセカンドボール回収で相手に揺さぶりをかけた。前半を優勢に進めた立役者だった。

しかし、回復途上の近藤が前半終了後にベンチに退くと様相は一変。後半2分に自陣右からのCKであっさり失点すると、反転攻勢も見られないまま、同20分には池ケ谷の軽率なGKへのバックパスをさらわれて2点目を献上した。

J2昇格は絶望的で、誇りをかけた前節の松本山雅との今季3度目の信州ダービーも敗戦で終えた。「残り6試合。昇格も大切だけれど、まずは戦う姿勢を見せなければいけない」と秋山。プロに消化試合はないことを、チーム全員が肝に銘じなければならない。

後半48分、高橋（中央）が加藤のFKを頭で合わせ、自身リーグ初、チーム３点目のゴールを決める

ゴールラッシュ、見せた気概

　沼津に３－０で快勝した。AC長野は５試合ぶりの白星で勝ち点を41に伸ばし、順位は16位から14位に上げたものの、２位鹿児島が勝ったため３位以下が確定。J2昇格（２位以内）の可能性が消滅した。
　長野は警告累積の大野を出場停止で欠き、前節から先発４人を変更。14試合ぶりにスタメンの山本がワントップ、船橋が３バックの右に入る３－４－３で臨んだ。
　前半12分に左FKのクリアボールを船橋が豪快に左足で決めて先制。同35分には三田のスルーパスを受けた山本が詰めて２点目を決めた。後半は沼津の攻勢をはね返し続け、48分に右FKを高橋が頭で決めて突き放した。

前半35分、山本が三田のスルーパスを受けて２点目を決める

第33節 10.29.Sun 長野Uスタジアム(HOME)

長野 **3-0** 沼津
勝ち点41

「前へ」スタイル貫き、難敵に対応

AC長野が前半を終えると、先に試合を行っていた２位鹿児島が勝利したためJ2昇格の望みが消えた。ただ、高木監督は「チケットを買ってくれたお客さんに見せるべき姿勢がある」。昇格を狙う難敵の沼津を３発で蹴散らし、プロとしての気概を示した。

４戦未勝利で選手たちの自信が揺らぎ、「前へ」のエネルギーに陰りが見える中、指揮官は「エネルギーを引き出してあげなければいけない」。これまでは掲げてきたハイプレス、ハイラインの徹底を重視してきたが、今節に向けた練習では沼津への対策を入念に準備して臨んだ。

その策が見事に機能した。アタッカー陣が流動的に動く沼津に対し、やみくもにプレスをかけるのではなく、ミドルゾーンで守りを固めて機をうかがう。ただし、「前へ」のスタイルを捨てたわけではない。先制弾を決めた船橋は「前線の味方がボールを奪いに出たら、守備陣も連動して前に出て奪い切る。動き出すタイミングが変わっただけで根本的なスタイルは変わっていない」と強調。前がかりになった相手を逆襲で仕留めた山本の２点目は象徴的なシーンだった。

試合前には2019年限りで現役引退した宇野沢祐次氏（AC長野U-18監督）らクラブを支えたOBによるフレンドリーマッチも開催され、今季３番目に多い4162人を動員した。高木監督は「彼らの功績があって、いまこういうゲームができる。これを続けていくことに価値がある」。クラブの歴史に恥じない戦いで、残り５試合も駆け抜けたい。

後半、パンチングでゴールを守るGK金

これを続けていかなければ

高木監督「われわれらしさ、われわれの強みをどう相手にぶつけて勝ち点３を持ってくるかにフォーカスして１週間、取り組んできた。それが3-0という結果に結び付いてうれしい。ただ、これを続けていかなければ意味がない。このゲームを次節の讃岐戦にどうぶつけていけるかが試されている」

船橋（今季４点目となる先制点を決めて）「FKのセカンドボールを拾う位置にいて（利き足とは逆の）左足だったけれど、フォームを意識してうまくミートできた」

山本（14試合ぶりの先発で今季６点目を奪い）「けがをして以降、初めての先発だった。三ちゃん（三田）がいい形でラストパスを出してくれてゴールを決められて良かった。これを継続していきたい」

高橋（プロ２年目でＪリーグ初ゴール）「FKを蹴った弘堅君（加藤）が良いボールをくれて、颯（杉井）も相手DFをブロックしてくれたのでフリーになれた。２人のおかげ。守備の選手は得点機会が少ないので、うれしい」

沼津・中山監督「相手の（守備の）パワーに押され、それをかいくぐってゴールに迫れれば良かったが、最後の部分で技術の正確性や工夫が足りなかった」

終了の笛が鳴り、快勝に笑みがこぼれる船橋（中央右）、高橋（同左）ら

前半12分、船橋が相手のクリアボールに反応、左足から先制のシュートを打つ

野 3-2 讃岐

点44

魂込め、2点差はね返す

讃岐に逆転勝ちした。2連勝で勝ち点44としたが、14位のまま変わらない。

AC長野は2試合連続で同じ先発メンバー。前半39分までに2点を失ったが、同48分に三田が頭で決めて1点を返した。後半は3バックから4バックに変更して流れをつかむと、3分に山本のスルーパスを受けた三田が左足で決めて同点。23分には右クロスの折り返しを近藤が押し込んで勝ち越した。

とにかく砂森に勝ちを届けたかった

高木監督「試合後に喜びを爆発させたのは(5月以来の)連勝とかではなく、とにかく砂森に勝ちを届けたかったから。ただ、その思いが選手たちに硬さを生じさせ、相手のシステムや対策もあって前半は重い展開になってしまった。前半のうちに1点返せた上、讃岐が畳みかけてこなかったので、素早く縦にパスを入れてすぐにボールを失ってしまうよりも、あの形(ピッチの幅を生かす4-3-3)にした方がわれわれに(主導権が)来ると思った」

近藤(後半23分に今季初ゴールとなる勝ち越し弾)「後半に入ってあまりボールに触れていなかったが、ゴールできそうな気配があった。三ちゃん(三田)がいいボールを送ってくれた。(移籍加入して)初ゴールまで長かったけれど、腐らずにやってきてよかった」

宮阪(後半開始から交代出場)「どんどんプレスをかけて奪いにいくことを意識した。相手に重圧をかけて、良いボールを蹴らせないようにして回収できたことが攻撃につながった。今季初めての逆転勝ちは、遅いのかもしれないがチームとしては一つ成長したと思う」

讃岐・米山監督「後半に相手がシステムを4-3-3に変えてきた。うち(4-4-2)にとっては対応するのが難しい形ではなく、冷静に対処すればよかったが、慌てた時間帯に失点してしまった」

「スナ君」への思い　闘志で決めた3発

AC長野の高木監督は試合前、選手たちに今節の重要性を説いた。急性白血病と診断された娘の看病のために活動休止していた砂森が1日に復帰し、初めて迎える公式戦。「とにかく、砂森に勝ちを届けよう」。

しかし、これが重圧を生んだ。お粗末なミスから瞬く間に2失点。悪い流れのまま前半を終えていれば勝機を失っていたかもしれない窮地を救ったのは三田だった。

前半48分、一瞬の隙を突いて西村が蹴った右クロスに「『まだいける』というところを見せたかった」(三田)と頭で合わせて1点を返す。このゴールで息を吹き返すと、後半に入って攻撃的な4-3-3にシフトチェンジ。讃岐の守備陣が動揺する間隙を突いて同3分に三田が同点弾を決めると、同23分には近藤が「後半は気持ちを切り替えて臨んだ」と、三田の左からの折り返しに飛び込んでゴールネットを揺らした。

前節でJ2昇格の望みが消え、JFL降格の可能性も極めて低い。戦意を保つのが難しい状況だが闘志は失っていない。近藤は「スナ君(砂森)に勝利を届けたかったし、サポーターに『また応援したい』と思ってもらうためにも大事な残り4試合」と強調。けがから復帰し、約3カ月ぶりに出場した進は「(故障中に)支えてくれた人のためにもゴールを取りたい。魂を込めて戦うだけ」ときっぱり。

砂森への思い、危機感、復活への決意…。さまざまな思いが詰まった今季初の逆転勝利だった。

後半23分、逆転のシュートを決め、ガッツポーズで声援に応える近藤(中央)=四国新聞社提供

長野 **3-2** 鳥取

勝ち点47

上向きの3連勝

アウェーで鳥取に逆転勝ちを収めた。勝ち点を47に伸ばしたが14位のまま。

AC長野は前節から先発3人を変更。出場停止の西村に代わって4試合ぶりに先発した原田が加藤とダブルボランチを組む3-4-3で臨んだ。

前半7分に小西がペナルティーエリア内で倒されて獲得したPKを近藤が決めて先制。しかし、同36分と42分に連続失点して逆転を許した。後半2分に左クロスを小西が右足で決めて同点とすると、同42分に近藤が右からミドルシュートを決めて勝ち越した。

後半にJリーグ初得点を決めた小西(右)と、2ゴール1アシストと活躍した近藤＝新日本海新聞社提供

最後まで止めない

高木監督「(積極的な)あの守備をしなければ3点は取れなかっただろうし、逆に6点を失うピンチを招いていたかもしれない。最後の最後の瞬間まで『プレーを止めないこと』。それを(監督に)言われてやっているようでは絶対に勝てなかった。(次節の)長野Uスタジアムでさらにリミッターを切った姿をサポーターに見せたい」

近藤(2ゴール、1アシスト)「難しいゲームを勝てて良かった。後半途中から(右ウイングバックに)ポジションが変わり、何回もスプリントを繰り返していたが、そういう時にボールは来る。思い切って振り抜いて(勝ち越しの)ゴールが入って良かった」

果敢な守備貫き前へ―逆転勝ち

遅まきながら再び上昇気流に乗っている。既にJ2昇格の可能性が消滅しているAC長野は4月以来の3連勝。激しいシーソーゲームを制した高木監督は「(観衆に)チケットの価値以上のプレーを見せられたと思う。負けても同じことを言おうと思っていたが、勝って言えるのがうれしい」と興奮気味に振り返った。

前半7分に得たPKで早々と先制した。が、その後はハイプレスの代償ともいえる裏のスペースへの飛び出しを許して連続失点。あっさり逆転された。 しかし、真骨頂はここから。「J3屈指の攻撃力がある鳥取には『0か100』しかない」(高木監督)。後半2分に小西のJリーグ初得点で追いついた後もハイプレスを貫く。冷や汗をかく場面もあったが、ベクトルを前に向け続けたからこそ好機が到来する。同42分の近藤のミドルシュートは相手DFに当たって方向が変わりゴールイン。覚悟を決めた守備が実った。

8月下旬に就いた高木監督は「選手たちがリミッターを外せるようになってきた。自分自身で(プレーの)決断を下せるようになってきたことが逆転勝ちにつながった」と成長を実感した様子。2ゴール、1アシストと気を吐いた近藤は「残りは3試合。『自分たちのスタイルはこれだ』という戦いを示したい」と力強く語った。

7 MY PRIDE 近藤貴司

持病と闘い、輝く姿で勇気を

プロサッカー選手として9年目。プロになった直後は「人として生きていけるのだろうか」と考えるほど、どん底からのスタートでした。よくここまで歩いてこられたという感慨があります。

物心ついた時からボールを蹴ることが好きで、友達に誘われて5歳の時にサッカーを始めました。時を同じくして小児ぜんそくと診断されました。でも、吸入薬などの治療や成長に伴って症状が落ち着いたこともあり、「プロ選手になりたい」という夢が揺らぐことは一度もありませんでした。

しかし、忘れもしません。早大4年の10月。風呂上がりに突然、息苦しさに襲われました。病院で検査を受けましたが「不整脈やぜんそくではない」との診断。原因が分からないまま、普段の生活だけでも苦しい状況が続きました。

当時はプロ入りに向けてＪクラブに「最後のアピール」をする重要な時期。複数のオファーをつかめそうな手応えがありましたが、練習に参加しても苦しくて動けない。次々と話が消えていきました。それでも、愛媛（当時Ｊ2）だけが症状を承知の上で「ぜひ来てほしい」とオファーをくれて。すごくうれしかったです。

でも、症状が改善されたわけではなく不安の方が大きかったです。そして、1年目の開幕前のキャンプで一時離脱。あらためて病院で検査を受けると「ぜんそくです」と告げられました。

そこから、治療のアプローチが始まりました。薬の種類が多いので「ドーピングに違反しないように」「副反応による悪影響が出ないように」と試行錯誤の日々。ぜんそくに関する本も読みあさりました。その中で、長野冬季五輪スピードスケート男子５００メートルで金メダルを獲得した清水宏保さんが、ぜんそくの苦しみを乗り越えたことを知り、すごく勇気をもらいました。

苦しい時期が続きました。走るメニューはすぐに息が上がるので必死で耐える。練習への恐怖心が生まれ、試合に出られても途中交代がほとんどで「本当はもっと動けるのに…」と毎試合、悔しさがこみ上げました。

事情を知らないサポーターの中には「いつも途中交代だな」と思った人もいたかもしれません。病状を明かしてもよかったのかもしれませんが、当時は「同情されても状況が好転するわけではない。言い訳にしたくない」という思いでした。孤独感と絶望感と必死に闘っていました。

ようやく自分に合う薬と出合えた3年目以降は症状が改善。プレーの質が上がり、スピードを生かしたプレーで主力として活躍できるようになり、「ぜんそくがあってもプロとして戦える」という手応えをつかみました。

頑張ることは大切です。でも、頑張りすぎずに本当に無理な時は休んでもいいと思います。自分自身を大切にしながら、一歩ずつでも歩き続ければ道は開ける。いまも治療薬を服用しながらプレーしています。自分が全力でピッチを駆ける姿を見て、少しでも勇気を持ってくれる人がいたら、うれしいです。

【こんどう・たかし】 三菱養和SCユース（東京）でプレーし、早大に進学。卒業後の2015年に愛媛に入団し、19年まで在籍。20年に大宮に完全移籍し、21年に愛媛に復帰。今季、AC長野に移籍加入した。Jリーグ通算283 試合出場、32得点。MF。31歳。東京都出身。

（2023 年 10 月 13 日掲載）

8 MY PRIDE 山中麗央

クラブの夢と熱気を再び

僕のサッカー人生はＡＣ長野との歩みでもあります。サッカーを始めたのは小学1年の時。それから両親に連れられてＡＣ長野の試合観戦に行くようになりました。

まだ長野Ｕスタジアム（２０１５年完成）ができる前。旧南長野運動公園総合球技場の芝生席で、10番を付けた宇野沢祐次さん（ＡＣ長野Ｕ-18監督）のゴールや勝利で盛り上がる会場の熱気に触れて夢中になりました。14年に長野市営陸上競技場で行われた讃岐とのＪ2入れ替え戦の観衆は約9千人。その一人だった僕は「自分もこういう舞台でプレーしたい」と夢を膨らませました。

その夢を現実のものとして描かせてくれた存在もＡＣ長野で出会いました。中学生になってＡＣ長野ジュニアユースに入った時のチームメートに新井光（Ｊ3今治）がいました。光は群を抜いてうまかった。一緒に進学した市長野高時代から光はトップチームのキャンプや練習に参加し、卒業後にＪ1湘南に入団。光という強烈な〝基準〟を間近で感じ「自分ももっと成長すればプロになれる」と可能性を信じるようになりました。

しかし、進学した拓大で思い悩む日々が待っていました。拓大は現在は関東1部ですが、当時は2部の中堅校。練習に来なかったり平気で遅刻したりする部員、見て見ぬふりをする指導者…。厳しい環境でレベルアップするはずが、正反対の現実に「このままではプロになれない。もうサッカーをやめようかな」と悔しさで泣いていました。

勇気づけてくれたのがＡＣ長野の活躍でした。大学でも試合は動画配信で見ていました。3年生だった20年にはＪ2昇格まであと一歩に迫る3位。「やっぱりパルセイロでプレーしたい。長野に戻りたい」と奮い立ちました。

13年の日本フットボールリーグ（ＪＦＬ）優勝、15年の長野Ｕスタジアムのこけら落としの一戦で佐藤悠希さんがオーバーヘッドで決めた第1号ゴール…。子どもの時から見てきた名場面はいくつもあります。

でも、なぜか脳裏に浮かぶのは悔しいシーンばかりです。宇野沢さんのシュートがポストにはじかれた讃岐との入れ替え戦や昇格を逃して涙を流す選手たちの姿。なぜ忘れられないのか。

そこにはクラブの夢と情熱が詰まっていたからだと思います。10月のホームの沼津戦前に行われた宇野沢さんと勝又慶典さん（ＡＣ長野Ｕ-18コーチ）の引退記念試合にＯＢが集結しました。僕は試合の準備で観戦できませんでしたが、〝あの頃〟のように盛り上がっているのが歓声から伝わってきました。

いまのパルセイロに当時のような熱気はあるのか—。胸に問いかけると悔しさがこみ上げます。ＡＣ長野の選手になることが、夢の終着点ではありません。クラブを支えてくれた人たちの思いを引き継ぎ、僕が子どもの頃に見られなかったＪ2昇格の扉を開くこと。それが背番号10を背負う僕の宿命だと思っています。

【やまなか・れお】 千曲市出身。市長野高１年までAC長野の育成組織でプレーし、２年時に同校初の全国高校総体に出場。翌年、全国高校総体で県勢22年ぶりに16強入りした。拓大を卒業後の22年にAC長野に入団。１年目は育成組織出身者として初ゴールを含む６得点を挙げた。今季から背番号10を付ける。MF。24歳。

（2023 年 11 月 16 日掲載）

前半７分、左CKから先制のヘディングシュートを決める山本（左から２人目）

北九州と引き分け、連勝が３で止まった。順位は14位のまま。

AC長野は前節からスタメン１人を変更。出場停止の加藤に代わって西村が２試合ぶりに先発復帰し、原田とダブルボランチを組む３-４-３で臨んだ。

前半７分の左CKを山本が頭で流し込んで先制。同33分には左CKのクリアボールを近藤が右足で直接蹴り込んで追加点を挙げた。しかし、７分後に１点を返されると、後半７分に自陣右からのクロスを決められて追いつかれた。

守勢に回った後半、勝ち越しを狙ったシュートを阻まれる近藤（手前右）と音泉（左）

第36節 11.19.Sun 長野Uスタジアム(HOME)

長野 **2 - 2** 北九州

勝ち点48

攻勢のち空転、4連勝逃す

前半33分、近藤がCKからのこぼれ球を振り抜き、プロ入り初となる３試合連続ゴールを決める

気を抜いた瞬間に2失点

高木監督「悔しい勝ち点１になってしまった。ふっと気を抜いた瞬間に２失点してしまったが、選手たちはそれを取り返して（３点目を）こじ開けようという気持ちを見せてくれた。逃した勝ち点２は返ってこないが、（残り２試合で勝って）勝ち点６を取りにいけるように、まずは集中して次節のYS横浜戦に向かっていきたい」

山本（３試合ぶりとなる今季７点目）「左CKで自分が走り込むスペースは決まっていた。そこに三ちゃん（三田）がいいボールを入れてくれた。きょうは息子の誕生日だったのでゴールを決められてうれしい。でも、勝ち切りたかった」

近藤（３試合連続となる今季４点目）「（左CKのこぼれた球を）いい形でミートでき、蹴った瞬間に入ると思った。プロに入って３試合連続ゴールは初めて。勢いは大事なので、残り２試合、チームの結果はもちろん自分自身の結果にもこだわっていきたい」

北九州・小林監督「思った以上に（AC長野の）プレスが強くてびっくりした。でも、少しずつはがしてチャンスをつくれた。後半はメンバーを代えて、うまくスペースを突けたと思う」

中盤プレス緩み、悔しいドロー

北九州の小林監督は面食らった。「強度の高いチームだと分かっていたが、思った以上に強くてびっくりした」。AC長野は立ち上がりからエンジン全開のプレスで主導権を握り、前半33分までに２点を奪った。今季初の４連勝は揺るがないかと思われたが、ここから勢いが止まる。

集中力が緩みやすい前半の残り５分がつまずきの始まりだった。中盤のプレスが空転すると、フリーで前を向いた相手ボランチに素早くスルーパスを出されて、あっさり失点。最終ラインで１歩目の対応が遅れた船橋は「少し疲れが出たタイミングの間延びした瞬間だった」と悔やんだ。

後半の立ち上がりの７分に再び隙を突かれる。自陣左からのクロスをいったんはクリアしたが、直後の右クロスでマークを見失い、ゴール前でフリーになった前川に同点弾を献上。その後も足が止まるシーンが目立ち、守備に追われる時間が長かった。

今節を含む直近４戦で計11得点した攻撃面は、チームが掲げる「前へ」の推進力が見てとれる。一方、守備面は一瞬を突かれるシーンが多く、計６失点ともろい。「現実を受け入れて、できている面とできていない面をしっかり見ていかなければ前に進めない」と高木監督。残り２試合。派手に打ち合うゲームだけでなく、冷静沈着な試合運びで勝利をつかむ強さを見せたい。

節 11.26.Sun ニッパツ三ツ沢球技場(AWAY)

野 **1-1** YS横浜

点49

戦術に手応えも、追いつかれドロー

オフサイド判定による得点取り消し、遅延行為による退場…。試合終了間際に追いつかれて引き分けに終わったAC長野の高木監督は「レフェリーにもミスはある。ただ、彼ら(選手)は1本のパス、一瞬の動き出しに人生を懸けてやっている」。珍しく判定に苦言を呈するほど"勝ち試合"に近い内容だった。

準備してきた戦術がはまった。YS横浜の特長はGKもボール回しに参加して最終ラインで数的有利をつくるビルドアップ(攻撃の組み立て)。AC長野は得意のハイプレスで深追いするのは禁物と判断し、一歩引いた位置から迎撃して重圧をかけた。

YS横浜はロングボールで打開を試みたが、AC長野は最終ラインが「味方と声をかけ合ってしっかり守れた」(池ケ谷)。攻め手を失ったYS横浜から完全に主導権を奪うと、後半25分に右CKから船橋が先制点を挙げた。

だが、同36分に得たFKで船橋に遅延行為があったとして2枚目のイエローカードで退場に。一気に守勢に回って同点ゴールを許した。

それでも、直近5試合は負けなし(3勝2分け)。守備面で隙はあるものの、相手の特長を見極めた上で、どこで「前へ」のギアを上げるかがチーム全体で共有されつつある。紆余曲折あった今季も残すはホームで行われる最終戦のみ。高木監督は「少しでも未来につながるゲームをしたい。今年最高の90分間を(サポーターに)見せたい」と強い決意で臨む。

後半25分に右CKのこぼれ球を右足で決めて喜ぶ船橋(右から2人目)

主導権奪いながら判定に泣く

YS横浜と1－1で引き分けた。勝ち点49で14位のまま。

AC長野は前節から先発3人を変更。初先発の藤森が左ウイングバック、14試合ぶり先発の安東と出場停止から復帰した加藤がダブルボランチを組む3－4－3で臨んだ。後半25分に右CKのこぼれ球を船橋が右足で決めて先制。しかし、同36分に船橋が2枚目のイエローカードで退場すると同46分に追いつかれた。

2点目取れなかったことに目を

高木監督(前半23分の三田のゴールがオフサイド判定で取り消され)「映像で見返しても、あれはオフサイドではなかったと思っている。レフェリーもミスはあるし、それをとやかく言うつもりはない。2点目を取れなかったことに目を向けて、残り1週間で準備したい」

佐藤(けがから復帰して9試合ぶりに出場)「状態が良かった時に比べて、まだまだ劣っているという感覚。その感覚を上げて最終節も出られるようにしたい」

池ケ谷(終了間際に追いつかれ)「退場者を出して1人少なくなってから、どこでボールを奪うかの意識がちぐはぐだった。ただ、ゲーム全体では前節の反省や自分の古巣との対戦ということもあり、集中できていたと思う」

藤森(今季初先発)「1対1で仕掛ける意識を持って前半はクロスを何本か上げられたけれど、後半はうまく関われなかった。最終戦に向けて(練習で)もう一度、アピールしたい」

ロスタイムの後半46分、自陣CKのこぼれ球からYS横浜に同点弾を許す

MY PRIDE

砂森和也

サポーターから勇気…感謝

急性白血病と診断された長女を看病するために選手活動を休止し、約5カ月ぶりに長野Uスタジアムに戻ってきた北九州戦（11月19日）。「砂森これからも共に！」という横断幕を見て涙が止まりませんでした。ピッチに立てない自分にも勇気を与えてくれる。感謝の思いでいっぱいになりました。

昨季後、鹿児島からAC長野へ移籍を決断したのには理由があります。J3でスタジアムが満員になる「信州ダービー」でプレーする姿を家族に見せたい。覚悟を決めて移籍し、迎えた5月13日の松本山雅戦の直前、ずっと体調が悪かった娘の病名を告げられました。絶望感と無力感で泣き崩れ、「何とか助けたい」と、その一心で活動休止を決めました。

そこから娘を支える生活が始まりました。車で片道1時間半の距離を毎日通い、抗がん剤投与を受けながら必死に闘う娘と向き合う。外出も制限され「きょうも誰とも話していない…」という日々が続き、支える家族にも不安や孤独感との闘いがあることを痛感しました。

心のよりどころになったのは病棟内のプレイルームです。さまざまな病状の子どもたちが一緒に遊んだり、親同士が意見交換したりして支え合う。たくさんの元気をもらい、救われました。だからこそ「サッカー選手として何か力になれることはないのか」と強く思うようになりました。

AC長野と日本プロサッカー選手会（JPFA）が呼びかけた募金活動で、Jリーグを中心に全国35クラブから支援していただきました。古巣やライバルクラブの選手、監督、サポーターなど、サッカーでつながる人たちには本当に感謝の思いしかありません。同時に「サッカー選手だから支援してもらえた」「不平等ではないか」という意見もいただきました。

その考えは理解できます。まだ僕がプロ選手として駆けだしの頃、ある有名アスリートが、交流のある子どもの海外臓器移植のために募金活動をしていました。「お金を集められる人は助かるけれど、集められない人はどうなるのか」「何が正解なのか」という葛藤があり、寄付を躊躇しました。

でも、当事者の立場になり、これまで知らなかった患者側のさまざまな苦しみや負担を経験し、「支援の形は一つではない」と実感しています。それを教えてくれたのはサポーターです。自発的に献血やドナー登録に取り組む動きが広がりました。「娘以外にも輸血を必要とする人たちの助けにつながる」。自分ができる範囲や方法で誰かのために一歩を踏み出し、支援の輪を広げていく。大切なことを教えてもらいました。

募金、献血、ドナー登録、情報発信…。自分自身の体験を生かし、同じように苦しむ人たちの助けになる活動をしていきたいと思っています。

でも、いまはまだ家族が最優先です。闘病生活が続く娘を支え続けるのはもちろんですが、今回の件で一番寂しい思いをしているのは長男です。長男が少しでも笑顔になるように、幼稚園に持参するキャラクター弁当を作ってからチームの練習に通っています。懸命に生きる子どもたちと少しずつ〝日常〟を取り戻したいと思っています。

【すなもり・かずや】
順大から日本フットボールリーグ（JFL）のホンダFCに入団し、左サイドバックで2度ベストイレブンに選ばれた。通算8季目になるJリーグでは讃岐、沼津、鹿児島を経て、今季からAC長野でプレー。DF。33歳。千葉県出身。

（2023年11月30日掲載）

合前に退団が決まっていた山本（中央）。今季8点目となる
ールを決め、ゴール裏まで駆け寄った仲間に祝福される

最終戦　ベテランの底力で見せ場

今季最終戦、宮崎と2－2で引き分け、勝ち点50で14位にとどまった。

AC長野は大野が6試合ぶり、高橋が2試合ぶりに先発復帰して3バックに入った。前半は守備が機能せず後手に回り、27分に失点。後半は4バックに変更して流れをつかむと、11分に宮阪が蹴った右CKを高橋が詰めて追いつき、21分に左サイドからの折り返しを山本が左足で決めて勝ち越した。しかし、7分後に同点ゴールを許して勝利を逃した。

後半21分、ゴール前で杉井からパスを受け、左足で勝ち越しのシュートを決める山本

第38節 12.2..Sat 長野Uスタジアム（HOME）

長野 2-2 宮崎

勝ち点50

後半11分、宮阪の右CKに詰めて同点ゴールを決めた高橋（左）

後半、相手ゴール前で競り合う大野（7）

選手たちの姿勢には感謝

高木監督「何としても『勝ち点3を持ってこよう』というエネルギーを持って戦ったが、追いつかれてしまった。非常に悔しいし、申し訳ない。ただ、選手たちは『勝ち点3をつかみ取ろう』という素晴らしい姿勢を見せてくれた。自分が指揮を執らせてもらった8月下旬から、選手たちは本当に手を抜くことがなかった。その姿勢には深く感謝している」

宮阪「前半はチームとして機能していなかったので『長野らしさ』を出したかった。自分のパスが起点となってヤマ（山本）のゴールが決まってよかった。（今季限りで契約満了も）Jリーグ通算350試合出場まで残り3試合。プレーできるチームがあれば続けたい」

山本（後半21分に今季8点目）「颯（杉井）が自分の位置を見てパスをくれて思い切って狙った。個人的にはゴールできてよかったけれど、やっぱり勝ち切りたかった。（今季限りで契約満了も）まだ引退するつもりはない」

秋山主将「後半に逆転するまでは良かったけれど、今季のチームを象徴するような形で追いつかれてしまった。全員で勝って終わりたかった。今季は主将らしいことができず、苦しかった。でも、最後まで全力でやり切れたと思う」

宮崎・加藤監督「前半に先制したので勝利に持っていきたかったが、長野のパワーある攻撃を受けて追い込まれた。その中でも意地を見せて、引き分けに持ち込めた」

勝ち越したが…今季象徴のドロー

得意のプレスをかわされ、反撃の糸口もつかめないまま前半27分に先制を許した。ホームで行われた今季最終戦に臨んだAC長野は見せ場のないまま前半を終えた。

そんな重苦しい雰囲気を振り払ったのは契約満了で退団が決まった2人のベテランだった。

後半開始とともにピッチに投入されたチーム最年長34歳の宮阪は「AC長野らしい『前へ』の姿勢を体現したかった。チームに残る選手たちにそれを感じてほしかった」。4バックに切り替えた守備の先頭に立ってチームに流れを引き寄せると、見せ場は11分の右CK。「これが俺の武器」と、山形や松本山雅など5クラブを渡り歩いて磨きをかけた高精度のキックで高橋の同点弾をアシストした。

その宮阪が起点となった同21分のパスをゴール前で受けたのは山本。前線を泥くさく走り回っていた32歳は「契約満了後は妻が毎日、泣いて悔しがってくれた。その思いを込めた」と鋭く左足を振り抜いてゴールネットを揺らした。

ただ、わずか7分後に隙を突かれて同点とされる戦いぶりが、J3に参戦して10年目で最低の14位に終わったAC長野の“勝負弱さ”を象徴している。近年は資金力でもリーグ中規模にとどまり、J2昇格への道は険しさを増している。契約満了となった主将の秋山は「来季こそAC長野のユニホームに袖を通す選手たちが必ず目標を達成してくれると信じている」。選手たちのレベルアップはもちろんだが、真に問われているのはクラブの総力だ。

2022年
12月

安曇野出身の青木加入内定 音泉は期限付き加入

8日、松本大のMF青木安里磨(22)＝安曇野市出身＝の来季加入が内定し、J2水戸からMF音泉翔真(26)が期限付き移籍で加入すると発表した。移籍期間は2024年1月末まで。

青木は中学時代にJ3松本山雅の育成組織でプレーし、松商学園高に進学。松本大では突破力を武器に1年から中盤の主力として出場し、今季の北信越大学リーグでベストイレブンに選ばれた。

音泉は千葉県出身。東京・関東第一高から東京国際大に進み、東京23FC(関東リーグ1部)に入団。縦へのスピードを武器に20年はJ3のYS横浜、21年は富山でプレーした。

水谷が秋田に完全移籍

12日、2022年シーズンの主将を務めたMF水谷拓磨(26)がJ2秋田に完全移籍すると発表した。

横浜Mの西田、期限付き加入 大内は鹿児島へ

16日、J1横浜MのDF西田勇祐(19)が育成型期限付き移籍で加入すると発表した。移籍期間は2024年1月末まで。

西田は神奈川県出身。横浜Mの育成組織出身でセンターバック、右サイドバックのほかボランチもできる。今季、トップチームに昇格したがJ1リーグ戦は出場なしだった。

また、横浜FCから育成型期限付き移籍していたGK大内一生(22)が、移籍期間満了で退団することも決まった。来季はJ3鹿児島に期限付き移籍する。

宮本が八戸へ

18日、藤枝から期限付き移籍していたFW宮本拓弥(29)が契約満了となり、J3八戸に完全移籍すると発表した。

山雅の大野が加入

20日、松本山雅を今季限りで契約満了となったDF大野佑哉(26)が完全移籍で加入すると発表した。

東京都出身の大野は、山梨学院大付高から阪南大に進み、卒業後の2019年に当時J1の松本山雅に入団。今季は主力センターバックとしてJ3リーグ戦31試合出場無得点だった。

クラブを通して「本当にいろいろと悩みました。でも、どこよりも早く一番熱心に誘ってくれたこと、僕が考えていることとパルセイロの目標が完全に一致していること、ここしかないと思いました。楽しみにしていてください」とコメントした。

近藤と安東が完全移籍加入

21日、J3愛媛からMF近藤貴司(30)、関東リーグ1部の栃木シティからMF安東輝(27)がそれぞれ完全移籍で加入すると発表した。

近藤は東京都出身。2015年に早大から愛媛に加入し、20年はJ2大宮でプレー。21年に愛媛に戻り、今季はJ3で29試合出場4得点、リーグ3位の8アシストをマークした。J2通算232試合出場28得点。

安東は埼玉県出身。東京国際大から18年に当時JFLの宮崎(現J3)に加入。20年から関東リーグ1部でプレーし、今季は栃木シティでリーグ戦2試合出場1得点だった。

今季松本山雅のGKコーチを務めたシュナイダー潤之介氏(45)のGKコーチ就任も決まった。

坪川、富山へ移籍

22日、今季限りで契約満了となったMF坪川潤之(25)がJ3富山に移籍することが決まったと発表した。

住永と山口がJFL青森に移籍

23日、契約満了で今季限りで退団するMFの住永翔(24)と山口和樹(27)の移籍先がJFL青森に決まったと発表した。

FW進が加入 デュークは相模原へ

28日、J2群馬からFW進昂平(27)が完全移籍で加入すると発表した。埼玉県出身。東京国際大から2018年にJ3のYS横浜に入団。19年には15ゴールを挙げた。20年に群馬に移籍し、今季は期限付き移籍したJ3愛媛でリーグ戦15試合出場2得点だった。

J2岡山から育成型期限付き移籍していたMFデューク・カルロス(22)が移籍期間満了で退団し、J3相模原に完全移籍することも決まった。

2023年
1月

砂森、木原ら4人が加入

5日、J3鹿児島のDF砂森和也(32)が完全移籍、J1浦和のFW木原励(19)とJ2東京VのDF佐古真礼(20)が育成型期限付き移籍、J2清水のMF西村恭史(23)が期限付き移籍で加入すると発表した。砂森以外の移籍期間は来年1月末まで。

千葉県出身の砂森は、順大を経てJ3の讃岐、沼津などでプレーし、昨季は鹿児島で8試合無得点。木原は、大阪府出身で京都橘高から浦和へ加入。昨季はリーグ戦の出場はない。

佐古は東京都出身で、下部組織から昇格。2季前は藤枝に育成型期限付き移籍し、昨季は東京Vで4試合無得点だった。大阪府出身の西村は大阪・興国高から清水に加入し、岡山と北九州に期限付き移籍。昨季はJ3北九州で27試合1得点だった。

DF乾が退団 敷田は関東L1部へ

9日、DF乾大知(33)が退団すると発表した。DF敷田唯(23)の東京23FC(関東リーグ1部)への期限付き移籍も決まった。移籍期限は来年1月末まで。

乾は昨季途中に加入。故障者が出ていたセンターバックの穴を埋めてリーグ戦9試合に出場して2得点を挙げた。チームは契約更新を打診したものの、本人が退団を決断した。敷田は昨季、同大から加入し、リーグ戦は出場なしだった。

J3で10年目の始動 初練習

11日、千曲市サッカー場で初練習を行い、2023年シーズンの活動をスタートさせた。期限付き移籍を含む13人が新加入。全31選手のうち28選手が参加した初日は「One Team(ワンチーム)」をテーマに掲げ、コミュニケーションを深めながら体を動かした。

チームは今季、J3参戦10年目。練習前のミーティングでは、就任2年目のシュタルフ監督が「(過去9年間)心折れずに応援してくれているサポーターの思いに応える覚悟を持ってピッチに立とう」と選手たちに訴えかけた。

松本山雅から移籍した大野は「(松本山雅への)感謝の気持ちはあるが、今は(チームカラーの)オレンジの血が流れていると思う。J2昇格を目指して力を発揮したい」と強調。今季からエースナンバーの10番を背負う2年目の山中(千曲市出身)は「2桁得点を挙げ、自分のゴールでチームを盛り上げ、勝利に導きたい」と責任感を口にした。

昇格へ心一つに　新加入選手13人、記者会見で抱負

14日、今季加入した13選手による記者会見を長野市内で開いた。Ｊリーグ通算２６１試合出場のＭＦ近藤は「全員が同じ方向を向いてやっていけば絶対に優勝できると思う」とＪ２昇格への決意を語った。

村山強化アドバイザーが補強ポイントについて説明。上位カテゴリーに所属する有望株、Ｊ３で実績を持つ選手、若返りと長野らしさを出す—との３点を紹介した。

浦和から加わったプロ２年目のＦＷ木原は「レンタルで来たという思いはない。このチームで自分を最大限に表現して毎試合得点したい」と力を込めた。ＡＣ長野の育成組織から昇格した新人のＤＦ鈴木は「まずは試合に出て、Ｊ３優勝とＪ２昇格に貢献したい」と初々しい表情で語った。

新体制発表会　悲願のＪ２へ「強い覚悟」

21日、長野市芸術館で新体制発表会を開いた。シュタルフ監督は「誰よりも強い覚悟を持って戦う」と強調。悲願のＪ２昇格へ決意を示した。市内にある戸隠神社奥社の杉並木をモチーフにしたというストライプ柄の新ユニホームも発表した。新型コロナウイルス流行の影響で、発表会の実施は２０２０年以来3年ぶり。全選手31人が参加し、サポーターら約７００人がチームカラーのオレンジ色のライトを振った。今季のスローガンは昨季に続き「ＰＲＩＤＥ　ＯＦ　ＮＡＧＡＮＯ（プライド・オブ・ナガノ）」に決まった。

早速、実戦的に　静岡でキャンプ開始

24日、静岡県御殿場市を拠点にキャンプをスタートさせた。Ｊ2昇格に向け、チームの土台を築く重要な期間。初日から実戦的なメニューが多く、シュタルフ監督は「想像以上にスムーズに入れた」と手応えを語った。

全31選手が参加。長野市からバスで移動して午後3時から約2時間、汗を流した。少人数のグループに分かれ、ミニゲームなどを繰り返して細かいパスの連係やチーム戦術を入念に確認。「もっと(攻守の)切り替えを速く」「ゴールを意識しろ」と熱のこもった言葉が飛び交った。

今季初の練習試合　定位置争い、近藤や進が存在感

今季初の練習試合とはいえ、定位置争いは既に始まっている。29日、ＡＣ長野は東京国際大から4ゴールを挙げる順調な滑り出し。存在感を発揮したのは新戦力だった。

昨季の戦い方をベースにした３バックの布陣は、序盤こそ受けに回ったが、時間の経過とともに安定したパスワークを披露。とりわけ、切れのある動きで攻守のつなぎ役として躍動したのがトップ下に入った近藤だ＝写真。Ｊ３愛媛から加入した30歳は「三ちゃん(三田)のプレーを見ながら、そこに絡んでいこうと思った」と、同じ2列目の三田とともに中盤を流動的に動き回りながら両サイドに効果的なパスを供給。20分には三田の左ＦＫのこぼれ球を拾い、右足でミドルシュートを決め「狙っていたので良かった」と声を弾ませた。

練習生が加わった3、4回目はミスが目立ったが、Ｊ2群馬から加入した進が「練習試合とか関係なく、とにかく結果にこだわっている」と2ゴールを奪い気を吐いた。

2年目の山中「自分なりの10番」で昇格挑む

今季から背番号10を背負う山中は「自分のゴールでＪ２昇格に導く。その覚悟でやる」と並々ならぬ決意を内に秘める。

ＡＣ長野の育成組織出身の山中にとって10番はひときわ特別だ。北信越リーグやＪＦＬ時代にゴールを量産した宇野沢祐次さん(Ｕ—18監督)は憧れの存在。次に10番をつけて7年間プレーした東浩史からはゲームメークについて学んだ。「タイプは違うけれど、２人とも本当にチームの要だった」(山中)

そしてバトンを渡された。昨年末、退団する東から「10番をつけてほしい」と言われた。プロ1年目の昨季は6点を挙げた山中だが「1年間を通して活躍できたわけじゃなかった。重い番号を背負っていいのか」。葛藤した末、東の思いをくんで覚悟を決めた。

とはいえ、レギュラーが保証されたわけではない。トップ下を含めた1・5列目には近藤ら実績のある選手がそろう。シュタルフ監督は「彼(山中)が重圧をエネルギーに変えて成長し、チャンスをつかめるかどうか」と競争を勝ち抜いてスケールアップする姿を心待ちにする。

Ｊ2大分からＧＫ浜田加入

31日、Ｊ２大分のＧＫ浜田太郎(22)が期限付き移籍で加入すると発表した。移籍期間は来年1月末まで。和歌山県出身。和歌山・初芝橋本高と大産大を経て、入団1年目の昨季Ｊ２リーグ戦は出場なしだった。

堅守復活へ着々

オフの補強で個性豊かなタレントが集まったのがセンターバックだ。シュタルフ監督は「タイプの違う選手がそろい、バージョンアップできた。過去最少失点のシーズンにしたい」と鉄壁の守備陣の構築を進めている。

注目の一人が大野だ。スピードを生かしたカバリングを武器とするタイプは、昨季のＡＣ長野にいなかった。３バックで臨んだ29日の東京国際大との練習試合では、展開を読んでピンチの芽を摘む能力の高さを示し、「連係を深めればもっとできる」と自信を口にする。

１９３センチの高さを武器とする佐古も昨季のチームにいなかったタイプ。セットプレーの練習では頭一つ高く跳び、空中戦で抜群の強さを見せる。昨季、冷静な守備とビルドアップ(攻撃の組み立て)で最終ラインを統率した秋山と池ケ谷も健在で、池ケ谷は「それぞれストロングポイントが違う。かみ合えばかなり良い守備ができる。守備陣のセットプレーの得点も上げたい」と攻守でスケールアップを狙う。

昨季の1試合平均1・21失点は、Ｊ３に参戦した過去9年間でワースト。シュタルフ監督は「まずは堅守のＡＣ長野を取り戻したい」と土台づくりに力を注ぐ。

2月

JFL岡崎と練習試合

1日、静岡県裾野市でJFLのマルヤス岡崎との練習試合で30分間を4回行い、合計3―1だった。

1回目は、無失点ながら攻撃も前線にボールが収まらず0―0。2回目は17分に左CKの折り返しを近藤が詰めて先制したが、28分にPKを与えて1―1だった。3回目は安定した守備から主導権を握り、18分に丹羽のスルーパスに抜け出した進がゴールを奪って1―0。4回目は9分に船橋の右クロスを進が頭で押し込んで1―0だった。

効率的な守りに及第点

練習試合2戦目のテーマは「守備」。AC長野は危なげない試合運びでPKによる1点に抑え、シュタルフ監督は「相手にほとんどチャンスを与えなかった」と及第点を与えた。

試行段階とはいえ、ボール奪取のイメージを共有できたことが大きい。とりわけ指揮官が「完成度が高かった」とたたえたのが3回目。中盤まで引きつつ、巧みな位置取りで相手をサイドに追い込んだ。アンカー丹羽は「FWも連続して相手にプレッシャーをかけ、後ろ（最終ライン）からも声をかけてもらい、やりやすかった」と、良いタイミングでボールを奪って攻撃に転じた。

18分には丹羽が右サイドでこぼれ球を回収。前線の進が「守備も攻撃も連動が大事」とスルーパスを呼び込み、右足で2戦連続のゴールを奪った。

昨季の反則数515はリーグ1位。誇れる数字ではないが、ハイプレスの強度や球際の激しさが徹底できたことを示す。一方、反則で相手にボールを渡すのはスタミナを消耗するだけというのも理解しており、シュタルフ監督は「疲労は（課題の）決定力の質にも影響する。攻撃に余力を残すためにも走る距離を抑えて効率的に守りたい」。長丁場のシーズンでゴールを量産するために、無駄をそぎ落とした堅守構築を目指す。

中盤のアンカー、定位置争い白熱

攻守の〝心臓部〟を担うのは誰か―。AC長野はキャンプ中の実戦で、中盤の底を1人で担うアンカーを置いた布陣を採用。今季の成績を左右する重要なポジション奪取に向け、若手やベテランがアピールを続けている。

昨季は攻撃時にダブルボランチとする可変システムを用いた。だが、J2秋田に移籍した水谷をはじめ、中盤の選手の多くが退団。構成ががらり

横一線の状況だ。

練習試合2戦で光ったのが大卒ルーキーの丹羽だ。1日のマルヤス岡崎（JFL）戦は積極的な縦パスで、1アシストを含む2ゴールに絡んだ。「周りも自分の良さを理解してくれているのでやりやすい」とうなずく。

プロ6年目の西村も存在感十分だ。185センチの高さに加え、豊富な運動量で相手の攻撃の起点をつぶし、ボールを前進させるプレーはダイナミック。「戦術が難しいけれど、分からないことはどんどん聞いて成長したい」と貪欲だ。

昨季、水谷とボランチを組んだ33歳の宮阪も縦パスの鋭さと展開力は健在。チーム最年長者として「若い選手には負けられない。しっかり

J2昇格を祈願 長野の千石稲荷神社でサポーターら

長野市の長野駅近くにあり、「パルセイロ大明神」として親しまれる千石稲荷神社で5日、地元のAC長野パルセイロの活躍と商売繁盛を願い、初午《はつうま》祭が行われた。神社の奉賛会が主催。駅周辺の商店街でつくる「パルセイロ活性化委員会」などの関係者約30人とサポーター約100人が、チームの必勝を祈願した。

関東1部クラブと練習試合

12日、キャンプ地の静岡県裾野市で東京23FC（関東1部）と練習試合を行い、4―0だった。

AC長野は若手を主体に3―5―2の布陣で臨んだ。前半は守備の連係ミスが目立ち、サイドの裏を突かれる場面もあったが、40分に杉井の左クロスのこぼれ球を山中が押し込んで先制。山中は2分後にもミドルシュートを決め、2―0で折り返した。

後半4分にカウンターから高窪が追加点を挙げ、43分には西田の右折り返しに詰めた山中が自身3点目を奪った。

MF高橋、GK金が左膝負傷

16日、MF高橋耕平（23）が左膝後十字靱帯損傷で全治2カ月、GK金珉浩（23＝キム・ミノ）が左膝内側側副靱帯損傷で全治2～3カ月と診断されたと発表した。高橋は1月14日の練習中、金は2月1日のマルヤス岡崎（JFL）との練習

AC長野運営会社の新社長に今村氏

AC長野パルセイロの運営会社「長野パルセイロ・アスレチッククラブ」は21日、新社長にスピードスケート元五輪代表の今村俊明氏（60）＝岡谷市＝が3月9日付で就任すると発表した。

三協精機（現日本電産サンキョー）監督を務めた今村氏は、2022年3月末のスケート部廃部により退社。AC長野は指導者として培ったマネジメント力や幅広い人脈を評価して社長就任を打診した。

2021年に社長代行から昇格した町田善行社長（54）は新型コロナ下での経営に一定のめどが立ったとして任期満了で退任。今後は総務部長としてクラブを支える。

MF森川、右脚負傷

22日、MF森川裕基（30）が右大腿直筋筋損傷と診断されたと発表した。チームによると、全治までの期間や復帰時期は未定。18日まで静岡県御殿場市を拠点に行ったキャンプ中に負傷した。

今季主将はDF秋山

22日、今シーズンの主将にDF秋山拓也（28）、副主将にMF佐藤祐太（27）、選手会長にMF山中麗央（23）が就いたと発表した。

秋山はチームを通じて「J3優勝、J2昇格に導けるよう覚悟と責任を持って戦います。目標達成に向けてパルセイロファミリーがOne Team（ワンチーム）となり最高の景色を見るためにともに戦ってください」とコメントした。

悲願達成へ「勝ちます」 開幕控え商店街でポスター配りPR

23日、3月に開幕する今シーズンをPRしようと、選手たちが長野市内の商店街でポスターを配った。新型コロナ下で自粛していたため3年ぶり。全選手と監督、スタッフ約50人が参加し、悲願のJ2昇格への決意を伝えた。

選手らは6班に分かれて長野銀座商店街など五つの商店街を回り、トップチーム（男子）と女

800枚を配った。

訪問先の店舗では選手らが「今年はたくさん勝ちます」と話し、従業員にサインをしたり、記念撮影をしたり。選手たちの直筆サインが壁に書かれている南石堂町の飲食店「なから」の店長、石田利明さん(44)は「サインを目当てに来店するサポーターさんもいる。ぜひ頑張ってほしい」とエールを送った。

3月

2期ぶり赤字決算 運営会社、債務超過は回避

AC長野パルセイロ運営会社「長野パルセイロ・アスレチッククラブ」は9日、長野市内で第16期(2022年1~12月)の株主総会を開き、純損失2179万円の決算を承認した。赤字は2期ぶりとなったが、債務超過は回避した。前期の純利益は1809万円だった。

売上高は前期比7・1%増の7億5843万円。うち入場料収入は同94・1%増の7163万円と大幅に伸びた。昨季はJ3のホーム戦が21年シーズンよりも3試合増えたことや、松本山雅との「信州ダービー」による観客動員数の伸びが影響した。

ただ、新型コロナウイルス対策費や、21年秋に開幕した女子プロリーグ「WEリーグ」の経費について当期から1年分の計上となり、一般管理費などが増加したことが赤字の要因となった。

勝利へ後押しを ホーム開幕戦前に篠ノ井駅で呼びかけ

AC長野の選手が13日、本拠地、長野Uスタジアム最寄りのJR篠ノ井駅前で、今後の試合日程をマスクと一

[illegible]

人が高校生や通勤者らに「長野パルセイロです。応援をよろしくお願いします」などと声をかけ、手渡した。

勝利へ意気込み 長野市長を訪問

AC長野の選手らが16日、長野市役所に荻原健司市長を訪ね、19日に開催されるホーム開幕戦をPRした。秋山主将は「J3に参戦して10年目のシーズン。優勝とJ2昇格を達成したい」と意気込みを語った。

アウェーの2試合を終えて1勝1分けと上々のスタート。勢いに乗るためにも、シュタルフ監督は「ホーム開幕戦の結果が大切。しっかり勝ち切れるように準備したい」と語った。

オレンジ色の声援「一体感」 長野Uスタ

AC長野のホーム開幕戦が行われた19日、長野Uスタジアムには4394人の観客が詰めかけた。試合は奈良クラブに0―3で敗れたが、今季は新型コロナ感染拡大で制限されていた「声出し応援」が全面解禁となり、「この日をずっと待っていた」と喜ぶサポーターが声をからして選手を鼓舞した。

スタンドではマスクなしで声を出す人の姿も目立った。

ゴール裏の座席を中心に試合開始から終了まで選手を後押しする声援が続き、サポーターは立て続けの失点後も逆転を願って「AC長野」コールを響かせた。

近藤が左脚を負傷

23日、MF近藤貴司(30)が左太ももの半膜様筋筋損傷で全治4~6週間と診断されたと発表した。2日の練習中に負傷した。

退団の東が引退

24日、昨季限りで契約満了となったMF東浩史(35)が現役引退したと発表した。今後は指導者を目指すという。

東は阪南大から2010年に当時J2の愛媛に入団。長崎を経て16年にAC長野に加入し、主に攻撃的MFとしてチームを支えた。J2通算128試合出場18得点、J3通算189試合出場20得点。チームを通して「今後は指導者という立場から、サッカー界、支えていただいた皆さま、地域の皆さまに少しずつ恩を返せるよう頑張っていきたいと思います」とコメントした。

5月

信州ダービー、絶対勝つぞ 学校給食でエール

AC長野パルセイロと松本山雅による信州ダービー(13日・長野Uスタジアム)を前に9日、パルセイロを応援する給食が長野市内の小学校14校で提供された。スタジアムに近い篠ノ井東小では、子どもたちが声援を送りながら味わった。

第二学校給食センター栄養教諭の清水智子《さとこ》さんが考案した計5品で、「がんばれパルセイロ献立」と銘打った。カボチャ味の丸い餅が入った「パルセイロボールスープ」、勝利の願いを込めた「白星」形のマカロニが入った「パルセイロサラダ」のほか「ハーブチキントマトソース」、サッカーボールを連想させる「丸パン」と牛乳が並んだ。ハーブチキントマトソースは赤色で、「闘争心」をイメージした。

パルセイロ応援バス、発車

AC長野パルセイロへの応援の気持ちを込めたラッピングバスが、長野市を中心に全国各地を走り始めた。選手の送迎を担う貸し切りバス会社「アリーナ」(長野市)が、大型バス1台をチームカラーのオレンジ色に染めた。

13日の信州ダービーで運用を開始。外装は、エンブレムを正面、左右、後部、屋根、車内後方の壁にあしらった。座席のヘッドレストカバーもオレンジ色にそろえた。屋根には「俺達が長野」と書いた。

進が腰を負傷

24日、FW進昂平(27)が腰椎横突起骨折で全治4~6週間と診断されたと発表した。13日のリーグ第10節の松本山雅戦で負傷した。

6月

夜のUスタで天皇杯PV

AC長野とJ1ヴィッセル神戸が神戸市で対戦した天皇杯全日本選手権2回戦のパブリックビューイング(PV)が14日夜、長野Uスタジアムであった。集まったサポーター822人はスクリーンを最後まで祈るように見つめた。

学校や仕事帰りとみられる制服姿の高校生、作業着やスーツ姿の人たちが続々と集まった。試合の模様を伝える中継からは、現地にいるサポーターによる「A

C長野」のコールや応援歌が聞こえ、一緒になって手拍子したりタオルを振ったりした。前半最後に1点返すと、立ち上がって喜んだ。

DF砂森が活動を休止

16日、DF砂森和也(32)が当面の間チーム活動を休止すると発表した。子どもが急性白血病の診断を受け、看病に専念するため。今季J3の鹿児島から移籍加入した砂森は、第10節からベンチ入りメンバーを外れていた。

18日、長野Uスタジアムで行われた第14節は、砂森が昨季まで在籍した鹿児島との試合。観客席には、砂森の背番号「48」とともに「大丈夫、みんながそばにいるから」のメッセージが掲げられた。

7月

青木との契約を解除

6日、MF青木安里磨(22)との契約解除を発表した。松本大から今季加入したものの、体調不良によりチーム活動に合流できない期間が続き、双方合意の上で契約解除が決まった。

娘支える砂森へ、募金スタート

6日、急性白血病の診断を受けた娘の看病に専念するため活動を休止したDF砂森和也を支援する募金活動を始めたと発表した。集まった支援金は砂森の家族に届ける。

クラブ、AC長野選手会、日本プ

による支援活動。砂森は「活動を休止することは本当に簡単ではありませんでしたが、絶対に後悔したくないと思い決断いたしました。苦しみながらも娘が一番頑張って戦っているので、自分も多くの方々のサポートを受けて最大限の力を娘に注いでいきたいと思います」などとコメントを発表した。

◇

募金活動は全国に広がり、AC長野と日本プロサッカー選手会(JPFA・吉田麻也会長)が協力。川崎や新潟、松本山雅などJ1〜J3の29クラブ、日本フットボールリーグ(JFL)の5クラブ、九州リーグのジェイリースFCの選手たちが試合会場などで募金活動を行っている。AC長野の選手たちも長野Uスタジアムでのホーム試合の際には募金箱を持ってサポーターに支援を呼びかけてきた。

東京Vから加藤が加入

24日、J2東京VからMF加藤弘堅(34)が完全移籍で加入すると発表した。背番号は47で25日の全体練習から合流する。

千葉県出身。千葉・市船橋高からJ1京都に入団し、J1通算20試合に出場。富山、群馬、北九州、東京Vに移籍し、Jリーグ通算364試合に出場。展開力と守備力を兼ね備えたボランチで、センターバックもできる。今季はJ2で8試合に出場し、うち5試合で先発した。

憧れの選手にドキドキ 児童ら一緒にミニゲーム

長野市中条の「道の駅中条」の広場で30日、AC長野の選手と子どもたちがサッカーを楽しむイベントがあった。MF佐藤祐太(28)とDF杉井颯(23)の両選手がゲストで参加

生ら約30人とミニゲームで盛り上がった。

ミニゲームは選手1人に対し、5、6人の子どもが1チームを組んで試合。両選手とも、前日に試合をこなし、この日も午前の練習を終えてからの参加だったが、汗びっしょりになって子どもたちを楽しませた。

8月

山本が腰を負傷

1日、FW山本大貴(31)が腰椎横突起骨折で全治4〜6週間と診断されたと発表した。7月22日の岐阜戦で負傷した。

獅子まとい戦う 茶臼山動物園とコラボ

本拠地と同じ長野市篠ノ井地区にある市茶臼山動物園が8日に開園40周年を迎えるのに合わせ、記念のユニホームを作った。40周年「記念マッチ」と位置付ける10月のホームゲームで選手が着用する他、受注販売もする。

チームの象徴で、動物園の人気者であるライオンの勇ましい横顔を、ユニホームの背中から正面にかけてあしらった。色はネイビー(濃紺)で、ゴールキーパー用は黄色。

進が左膝負傷で全治約3カ月

7日、FW進昂平(28)が左膝の内側側副靭帯と後十字靭帯の損傷で全治約3カ月と診断されたと発表した。7月29日の相模原戦で負傷した。進は今季ここまで16試合に出場し、4得点。

名古屋から豊田が加入

型期限付き移籍で加入すると発表した。移籍期間は来年1月末までで背番号は34。9日の全体練習から合流する。

岐阜県出身。2022年に名古屋ユースからトップチームに昇格した。ドリブル突破と裏への抜け出しが持ち味で、1・5列目が主戦場。今季はYBCルヴァン・カップ2試合出場無得点、J1リーグ戦は出場なし。

西田が右膝負傷で全治約8カ月

18日、DF西田勇祐(20)が7日のトレーニングマッチで右膝前十字靱帯を損傷し、手術を受けたと発表した。全治8カ月の見込み。西田はJ1横浜Mから育成型期限付き移籍で今季加入。リーグ戦の出場はない。

J2甲府と練習試合

20日、山梨県韮崎市でJ2甲府と練習試合を行い、0―1だった。前半に先制され、後半は両チームとも無得点だった。

シュタルフ監督の解任発表

28日、成績不振を理由にシュタルフ悠紀監督(39)との契約を27日付で解除したと発表した。

新監督に高木氏就任

29日、新監督に今月上旬までJ3今治を指揮した高木理己氏(45)が就任したと発表した。高木新監督は同日の全体練習に合流し、初陣となる第25節の愛媛戦に向けて、チーム再建をスタートさせた。

9月

育成組織所属の3人を2種登録

4日、育成組織のU―18(18歳以下)に所属するDF大嶋龍聖(17)、FW宮下隼(17)、MF和久匠(17)をJリーグの公式戦に出場できる2種登録すると発表した。

MF佐藤が左膝負傷

27日、MF佐藤祐太(28)が左膝後十字靱帯損傷で全治約8週間と診断されたと発表した。第28節(23日)の富山戦で負傷した。佐藤は前線の主力として今季ここまで4得点。

MF豊田が左足負傷

28日、MF豊田晃大(20)が左足の前距腓靱帯損傷で全治約4週間と診断されたと発表した。17日の練習で負傷した。

10月

ヌグラハが育成型期限付き移籍

19日、GKリュウヌグラハ(23)が北海道リーグのBTOP北海道に育成型期限付き移籍すると発表した。今季終了まで。今季はこれまで公式戦出場がなかった。

サポーターら、選手と歩き交流

長野UスタジアムでAC長野のホームゲームが行われた22日、試合に先立ちAC長野の選手とウオーキングを楽しむ「Jリーグウォーキングin NAGANO」が会場周辺であった。秋晴れの下、サポーターら約700人が交流を楽しみながら歩いた。

Jリーグのタイトルパートナー、明治安田生命保険の長野支社(長野市)が主催。顧客やサポーターの健康増進につなげようと、2019年以来2回目の開催となった。参加者はスタジアムの周りを約3キロ歩き、出発地点や通過地点で選手5人から「頑張って」と声援を受け、グータッチを交わした。

11月

砂森が復帰、チームに合流

急性白血病の診断を受けた娘の看病で活動を休止していたDF砂森和也が1日、約5カ月ぶりにチームに合流した。募金などの支援の輪が全国に広がっており、「言葉ではまとめられないくらい感謝している」と語った。

チームはこの日、長野市の千曲川リバーフロントスポーツガーデンで練習。選手らに迎えられた砂森は一緒に円陣を組み、あいさつをした後、黙々と走り込みをしていた。

合流に先立ち、砂森は「ライバル関係にあるチームの選手、監督、サポーターの皆さまからもメッセージをいただき、サッカーでつながる人たちの結束力に砂森家は支えてもらいました。まだまだ治療は続きます。両立する事で見えてくる課題もあるかもしれませんが、残り5試合、チームのために貢献できるように頑張ります」とコメントを発表した。

前監督シュタルフ氏、タイU20指揮へ

今季途中まで監督を務めたシュタルフ悠紀氏(39)がタイのU―20(20歳以下)代表監督に就任することが26日、信濃毎日新聞の取材で分かった。育成面と戦術面の手腕を期待され、同国の強豪クラブ、ブリラム・ユナイテッドのU―20監督も兼務する。

秋山ら3選手と契約満了

30日、主将のDF秋山拓也(29)、FW山本大貴(32)、MF安東輝(28)が契約満了となり、来季の契約を結ばないと発表した。

秋山は「優勝、J2昇格に導くことができず責任を感じています。ですが、パルセイロでの経験は自分にとってすべてが財産です」とコメントした。

2023 公式戦全記録

J3・天皇杯

第1節▶ユニリーバスタジアム新富

away 3月5日(日) 13時 kick off
入場者数／1,616人 天候／晴

テゲバジャーロ宮崎		0	前	1	AC長野パルセイロ
0		0	後	1	2
植田 峻佑	99	GK	GK	1	矢田貝壮貴
奥田 裕貴	37	DF	DF	4	船橋 勇真
井原伸太郎	39	DF	DF	5	池ヶ谷颯斗
代 健司	3	DF	DF	3	秋山 拓也
北村 椋太	5	DF	DF	48	砂森 和也
大熊 健太	6	MF	MF	6	西村 恭史
下澤 悠太	10	MF	MF	15	宮阪 政樹
東出 壮太	8	MF	MF	17	佐藤 祐太
山崎 亮平	18	MF	MF	14	三田 尚希
永田 一真	80	FW	MF	19	杉井 颯
橋本 啓吾	11	FW	FW	11	進 昂平
		交代要員			
内薗 大貴	15	MF	DF	7	大野 佑哉
青戸 翔	7	FW	MF	10	山中 麗央
北村 知也	13	FW	MF	18	音泉 翔眞
髙橋 一輝	25	FW	MF	25	安東 輝
南野 遥海	42	FW	FW	33	山本 大貴

得点〔長〕進(05)三田(86)
交代〔宮〕山崎(63 南野) 橋本(71 青戸) 永田(71 髙橋) 東出(78 北村知) 北村椋(78 内薗) 〔長〕砂森(41 大野) 進(65 山本) 宮阪(65 安東) 船橋(78 音泉) 佐藤(78 山中)
警告〔宮〕北村椋

第2節▶ニンジニアスタジアム

away 3月12日(日) 15時 kick off
入場者数／2,742人 天候／晴

愛媛FC		0	前	0	AC長野パルセイロ
1		1	後	1	1
徳重 健太	1	GK	GK	1	矢田貝壮貴
三原 秀真	16	DF	DF	5	池ヶ谷颯斗
平岡 康裕	23	DF	DF	7	大野 佑哉
小川 大空	33	DF	DF	3	秋山 拓也
山口 竜弥	4	DF	MF	15	宮阪 政樹
矢田 旭	20	MF	MF	6	西村 恭史
森脇 良太	3	MF	MF	14	三田 尚希
茂木 駿佑	17	MF	FW	4	船橋 勇真
曽根田 穣	7	MF	FW	17	佐藤 祐太
行友 翔哉	48	MF	FW	11	進 昂平
松田 力	10	FW	FW	19	杉井 颯
		交代要員			
大城 蛍	15	DF	DF	35	佐古 真礼
佐々木 匠	6	MF	MF	9	藤森 亮志
忽那 喬司	8	MF	MF	25	安東 輝
谷本 駿介	14	MF	MF	32	原田 虹輝
曽田 一騎	40	FW	FW	33	山本 大貴

得点〔愛〕谷本(90)〔長〕原田(74)
交代〔愛〕平岡(31 大城) 曽根田(72 佐々木) 松田(72 曽田) 森脇(80 谷本) 茂木(80 忽那) 〔長〕船橋(72 原田) 三田(72 藤森) 進(80 山本) 佐藤(80 安東) 宮阪(85 佐古)
警告〔愛〕曽根田〔長〕佐藤、大野

第3節▶長野Uスタジアム

home 3月19日(日) 14時 kick off
入場者数／4,394人 天候／晴

AC長野パルセイロ		0	前	1	奈良クラブ
0		0	後	2	3
矢田貝壮貴	1	GK	GK	31	アルナウ
池ヶ谷颯斗	5	DF	DF	33	寺村 浩平
大野 佑哉	7	DF	DF	5	鈴木 大誠
秋山 拓也	3	DF	DF	4	伊勢 渉
杉井 颯	19	DF	DF	11	加藤 徹也
西村 恭史	6	MF	MF	8	堀内 颯人
宮阪 政樹	15	MF	MF	17	可児 壮隆
佐藤 祐太	17	MF	MF	10	山本宗太朗
船橋 勇真	4	FW	MF	29	浅川 隼人
進 昂平	11	FW	MF	39	嫁阪 翔太
三田 尚希	14	FW	FW	19	酒井 達磨
		交代要員			
山中 麗央	10	MF	DF	6	寺島はるひ
安東 輝	25	MF	DF	13	都並 優太
原田 虹輝	32	MF	MF	7	桑島 良汰
髙窪 健人	23	FW	MF	16	西田 恵
山本 大貴	33	FW	MF	20	片岡 爽

得点〔奈〕浅川(27) 山本(62) 寺村(76)
交代〔長〕三田(65 安東) 宮阪(65 山本) 佐藤(65 山中) 進(65 髙窪) 船橋(74 原田) 〔奈〕山本(63 片岡) 可児(72 桑島) 酒井(88 西田) 加藤(88 寺島) 寺村(88 都並)
警告〔長〕池ヶ谷2〔奈〕加藤、アルナウ
退場〔長〕池ヶ谷
備考 83 警告(C3=異議)奈良林完俊(GKコーチ)

第4節▶富山県総合運動公園陸上競技場

away 3月26日(日) 14時 kick off
入場者数／1,619人 天候／雨

カターレ富山		1	前	0	AC長野パルセイロ
3		2	後	3	3
田川 知樹	21	GK	GK	30	濵田 太郎
大畑 隆也	3	DF	DF	4	船橋 勇真
下堂 竜聖	14	DF	DF	3	秋山 拓也
大山 武蔵	20	MF	DF	48	砂森 和也
安光 将作	25	MF	DF	19	杉井 颯
末木 裕也	16	MF	MF	15	宮阪 政樹
坪川 潤之	17	MF	MF	6	西村 恭史
安藤 由翔	13	MF	MF	14	三田 尚希
松岡 大智	8	FW	MF	17	佐藤 祐太
マテウス レイリア	10	FW	FW	11	進 昂平
吉平 翼	27	FW	FW	33	山本 大貴
		交代要員			
今瀬 淳也	5	DF	MF	9	藤森 亮志
佐々木陽次	7	MF	MF	10	山中 麗央
椎名 伸志	22	MF	MF	18	音泉 翔眞
アルトゥール シルバ	30	MF	MF	32	原田 虹輝
高橋 駿太	39	FW			

得点〔富〕大畑(23) アルトゥール(83) 高橋(87)〔長〕山本(47) 船橋(51) 佐藤(60)
交代〔富〕安光(46 今瀬) 安藤(55 高橋) マテウス(55 アルトゥール) 吉平(74 椎名) 大畑(79 佐々木) 〔長〕進(58 音泉) 山本(77 山中) 船橋(87 藤森) 佐藤(87 原田)
警告〔富〕安光、大畑、坪川〔長〕進

第5節▶長野Uスタジアム

home 4月2日(日) 14時 kick off
入場者数／2,421人 天候／晴

AC長野パルセイロ		0	前	0	Y.S.C.C.横浜
1		1	後	0	0
濵田 太郎	30	GK	GK	16	児玉 潤
池ヶ谷颯斗	5	DF	DF	2	花房 稔
秋山 拓也	3	DF	DF	3	藤原 拓也
砂森 和也	48	DF	DF	8	柳 雄太郎
船橋 勇真	4	MF	MF	32	松村 航希
宮阪 政樹	15	MF	MF	50	中里 崇宏
杉井 颯	19	MF	MF	15	大嶋 春樹
佐藤 祐太	17	MF	MF	7	菊谷 篤資
三田 尚希	14	MF	MF	21	福田 翔生
進 昂平	11	FW	MF	46	古賀俊太郎
山本 大貴	33	FW	FW	9	萱沼 優聖
		交代要員			
大野 佑哉	7	DF	MF	6	田場 ディエゴ
西村 恭史	6	MF	MF	10	山本凌太郎
近藤 貴司	8	MF	MF	22	松井 大輔
音泉 翔眞	18	MF	FW	29	中村 海渡
髙窪 健人	23	FW	FW	55	カルロス アローヨ

得点〔長〕西村(61)
交代〔長〕杉井(60 音泉) 三田(60 西村) 佐藤(77 近藤) 山本(84 髙窪) 砂森(84 大野) 〔横〕福田(61 田場) 大嶋(71 松井) 松村(71 カルロス) 花房(84 山本) 菊谷(84 中村)
警告〔長〕船橋〔横〕大嶋、萱沼

第6節▶長野Uスタジアム

home 4月9日(日) 14時 kick off
入場者数／2,445人 天候／晴

AC長野パルセイロ		1	前	0	カマタマーレ讃岐
4		3	後	0	0
濵田 太郎	30	GK	GK	13	高橋 拓也
船橋 勇真	4	DF	DF	14	金井 貢史
池ヶ谷颯斗	5	DF	DF	5	小松 拓幹
秋山 拓也	3	DF	DF	16	奥田 雄大
杉井 颯	19	DF	DF	21	臼井 貫太
西村 恭史	6	MF	MF	10	川﨑 一輝
宮阪 政樹	15	MF	MF	6	長谷川 隼
三田 尚希	14	MF	MF	4	竹村 俊二
佐藤 祐太	17	MF	MF	8	森 勇人
山本 大貴	33	FW	FW	18	森本ヒマン
進 昂平	11	FW	FW	26	小山 聖也
		交代要員			
佐古 真礼	35	DF	DF	2	奈良坂 巧
近藤 貴司	8	MF	MF	11	吉田源太郎
音泉 翔眞	18	MF	MF	20	下川 太陽
安東 輝	25	MF	FW	19	赤星 魁麻
原田 虹輝	32	MF	FW	23	岩岸 宗志

得点〔長〕西村(06) 三田(51、65) 進(70)
交代〔長〕山本(62 安東) 杉井(62 佐古) 船橋(72 音泉) 三田(82 原田) 佐藤(82 近藤) 〔讃〕森本(46 赤星) 小山(46 吉田) 金井(68 奈良坂) 森(68 岩岸) 小松(87 下川)
警告〔長〕杉井、船橋

第 10 節▶長野Uスタジアム

home 5月13日(土) 18時 kick off
入場者数／12,458人 天候／雨

AC長野パルセイロ	1	前	0	松本山雅FC
2	1	後	1	1

金 珉浩	21	GK	GK	21	ビクトル
池ヶ谷颯斗	5	DF	DF	44	野々村鷹人
秋山 拓也	3	DF	DF	43	常田 克人
佐古 真礼	35	DF	MF	13	橋内 優也
船橋 勇真	4	MF	MF	14	パウリーニョ
宮阪 政樹	15	MF	MF	4	安東 輝
杉井 颯	19	MF	MF	41	山本 龍平
佐藤 祐太	17	MF	FW	15	菊井 悠介
近藤 貴司	8	MF	FW	9	鈴木 国友
三田 尚希	14	MF	FW	19	小松 蓮
進 昂平	11	FW	FW	25	榎本 樹
交代要員					
西村 恭史	6	MF	DF	2	宮部 大己
森川 裕基	16	MF	MF	32	米原 秀亮
音泉 翔眞	18	MF	MF	29	村越 凱光
山本 大貴	33	FW	MF	30	國分 龍司
			FW	49	渡邉 千真

得点〔長〕秋山(32) 山本(79) 〔松〕小松(90+3)
交代〔長〕進(46 山本) 佐藤(59 西村) 三田(73 森川) 近藤(83 音泉) 〔松〕榎本(46 國分) 橋内(59 宮部) 鈴木(59 渡邉) パウリーニョ(59 米原) 山本(78 村越)
警告〔長〕佐藤、音泉〔松〕野々村、菊井

第 9 節▶いわぎんスタジアム

away 5月3日(水・祝) 14時 kick off
入場者数／1,374人 天候／晴

いわてグルージャ盛岡	0	前	1	AC長野パルセイロ
1	1	後	3	4

丹野 研太	1	GK	GK	21	金 珉浩
宮市 剛	18	DF	DF	5	池ヶ谷颯斗
深川 大輔	4	DF	DF	3	秋山 拓也
甲斐健太郎	6	DF	DF	35	佐古 真礼
新保 海鈴	48	DF	MF	4	船橋 勇真
藤村 怜	27	MF	MF	15	宮阪 政樹
松原 亘紀	36	MF	MF	48	砂森 和也
和田 昌士	7	MF	MF	8	近藤 貴司
桐 蒼太	11	FW	MF	18	音泉 翔眞
佐藤 未勇	22	FW	FW	33	山本 大貴
南 拓都	14	FW	FW	11	進 昂平
交代要員					
李 栄直	17	DF	DF	7	大野 佑哉
加々美登生	15	MF	DF	19	杉井 颯
チャン ヒョンス	19	MF	MF	6	西村 恭史
中村 充孝	46	MF	MF	14	三田 尚希
ドウグラス オリヴェイラ	9	FW	MF	17	佐藤 祐太
			FW	23	髙窪 健人

得点〔盛〕加々美(69) 〔長〕進(09、53) オウンゴール(48) 三田(81)
交代〔盛〕桐(60 加々美) 藤村(60 李) 新保(60 チャン) 佐藤(77 中村) 和田(82 ドウグラス) 〔長〕砂森(60 杉井) 進(60 西村) 宮阪(77 大野) 音泉(77 三田) 船橋(84 佐藤) 近藤(84 髙窪)
警告〔盛〕宮市、李〔長〕近藤、砂森、金、秋山
備考 77' 長野 15 宮阪政樹→7 大野佑哉は脳振盪の疑いによる交代

第 8 節▶長野Uスタジアム

home 4月30日(日) 15時 kick off
入場者数／3,174人 天候／曇

AC長野パルセイロ	2	前	0	福島ユナイテッドFC
2	0	後	3	3

濵田 太郎	30	GK	GK	22	山本 海人
船橋 勇真	4	DF	DF	7	田中 康介
池ヶ谷颯斗	5	DF	DF	27	野末 学
秋山 拓也	3	DF	DF	28	鈴 直樹
佐古 真礼	35	DF	DF	44	大武 峻
西村 恭史	6	MF	MF	35	柴 圭汰
宮阪 政樹	15	MF	MF	41	上畑佑平士
杉井 颯	19	MF	MF	50	古林 将太
佐藤 祐太	17	MF	FW	17	延 祐太
三田 尚希	14	FW	FW	25	長野 星輝
山本 大貴	33	FW	FW	40	樋口 寛規
交代要員					
近藤 貴司	8	MF	DF	3	河西 真
藤森 亮志	9	MF	MF	30	清田奈央弥
音泉 翔眞	18	MF	FW	19	三木 直土
安東 輝	25	MF	FW	20	城定 幹大
髙窪 健人	23	FW	FW	39	塩浜 遼

得点〔長〕山本(14) 船橋(34) 〔福〕オウンゴール(50) 樋口(58) 上畑(62)
交代〔長〕船橋(46 藤森) 三田(68 近藤) 山本(68 髙窪) 杉井(80 安東) 佐藤(80 音泉) 〔福〕延(46 塩浜) 樋口(71 三木) 野末(80 河西) 柴(80 城定) 古林(83 清田)
警告〔長〕三田、秋山、藤森〔福〕上畑

第 7 節▶相模原ギオンスタジアム

away 4月15日(土) 14時 kick off
入場者数／1,134人 天候／雨

SC相模原	0	前	0	AC長野パルセイロ
0	0	後	1	1

川島 康暉	16	GK	GK	30	濵田 太郎
綿引 康	5	DF	DF	5	池ヶ谷颯斗
加藤 大育	2	DF	DF	3	秋山 拓也
山下 諒時	4	DF	DF	19	杉井 颯
橋本 陸	8	DF	MF	4	船橋 勇真
金城 ジャスティン俊樹	7	MF	MF	15	宮阪 政樹
吉武 莉央	13	MF	MF	6	西村 恭史
佐野 陸人	28	MF	MF	17	佐藤 祐太
佐相 壱明	22	MF	MF	14	三田 尚希
藤沼 拓夢	9	MF	FW	18	音泉 翔眞
安藤 翼	14	FW	FW	11	進 昂平
交代要員					
水口 湧斗	3	DF	DF	35	佐古 真礼
デューク カルロス	11	MF	MF	8	近藤 貴司
若林 龍	20	MF	MF	13	小西 陽向
田中 陸	25	MF	FW	33	山本 大貴
松澤 彰	18	FW			

得点〔長〕秋山(51)
交代〔相〕安藤(61 松澤) 佐野(61 デューク) 金城(72 田中) 藤沼(72 若林) 佐相(90+3 水口) 〔長〕三田(54 山本) 音泉(62 佐古) 進(84 小西) 佐藤(84 近藤)
警告〔相〕佐野、松澤〔長〕池ヶ谷

第 14 節▶長野Uスタジアム

home 6月18日(日) 14時 kick off
入場者数／3,350人 天候／晴

AC長野パルセイロ	0	前	1	鹿児島ユナイテッドFC
1	1	後	1	2

金 珉浩	21	GK	GK	13	松山 健太
船橋 勇真	4	DF	DF	17	星 広太
池ヶ谷颯斗	5	DF	DF	4	広瀬 健太
佐古 真礼	35	DF	DF	23	岡本 將成
杉井 颯	19	DF	DF	6	渡邉 英祐
秋山 拓也	3	MF	MF	30	木村 祐志
安東 輝	25	MF	MF	35	中原 秀人
西村 恭史	6	MF	FW	25	端戸 仁
三田 尚希	14	MF	FW	11	五領 淳樹
山本 大貴	33	FW	FW	24	藤本 憲明
森川 裕基	16	FW	FW	18	福田望久斗
交代要員					
近藤 貴司	8	MF	MF	27	山口 卓己
音泉 翔眞	18	MF	MF	10	ロメロ フランク
原田 虹輝	32	MF	MF	20	圓道 将良
高橋 耕平	37	MF	FW	34	鈴木 翔大
進 昂平	11	FW	FW	46	武 星弥

得点〔長〕安東(69) 〔鹿〕五領(28) 木村(89)
交代〔長〕森川(46 進) 杉井(65 原田) 山本(65 音泉) 三田(65 近藤) 船橋(86 高橋) 〔鹿〕中原(56 山口) 藤本(70 鈴木) 五領(70 武) 福田(79 圓道) 端戸(79 ロメロ)
警告〔長〕進、三田、佐古、音泉〔鹿〕広瀬

第 13 節▶長野Uスタジアム

home 6月11日(日) 18時 kick off
入場者数／2,532人 天候／曇

AC長野パルセイロ	1	前	1	FC琉球
1	0	後	1	2

金 珉浩	21	GK	GK	1	ダニー カルバハル
船橋 勇真	4	DF	DF	19	高安 孝幸
池ヶ谷颯斗	5	DF	DF	4	牟田 雄祐
秋山 拓也	3	DF	DF	3	森 侑里
杉井 颯	19	DF	DF	2	福村 貴幸
宮阪 政樹	15	MF	MF	11	中野 克哉
西村 恭史	6	MF	MF	18	平松 昇
音泉 翔眞	18	MF	MF	5	武沢 一翔
三田 尚希	14	MF	MF	7	白井 陽斗
森川 裕基	16	MF	MF	34	ケルヴィン
山本 大貴	33	FW	FW	9	野田隆之介
交代要員					
近藤 貴司	8	MF	DF	22	上原 牧人
藤森 亮志	9	MF	DF	99	柳 貴博
山中 麗央	10	MF	MF	13	岩本 翔
安東 輝	25	MF	MF	20	森田 凜
			FW	16	阿部 拓馬

得点〔長〕山本(14) 〔琉〕野田(44) 中野(69)
交代〔長〕音泉(66 近藤) 三田(77 山中) 杉井(85 藤森) 宮阪(85 安東) 〔琉〕高安(46 柳) ケルヴィン(76 阿部) 白井(84 岩本) 福村(90+1 上原) 平松(90+1 森田)
警告〔長〕西村〔琉〕福村、野田
備考 73 警告(C3)長野 シュナイダー潤之介(GKコーチ)

第 12 節▶東大阪市花園ラグビー場

away 6月4日(日) 13時 kick off
入場者数／2,458人 天候／晴

FC大阪	0	前	0	AC長野パルセイロ
1	1	後	0	0

永井 建成	1	GK	GK	21	金 珉浩
美馬 和也	2	DF	DF	5	池ヶ谷颯斗
板倉 洸	26	DF	DF	3	秋山 拓也
松田 佳大	39	DF	DF	35	佐古 真礼
舘野 俊祐	6	DF	MF	4	船橋 勇真
澁谷 雅也	20	MF	MF	15	宮阪 政樹
禹 相皓	33	MF	MF	19	杉井 颯
西矢 健人	25	MF	MF	6	西村 恭史
田中 直基	14	MF	MF	8	近藤 貴司
島田 拓海	32	FW	MF	14	三田 尚希
古川 大悟	28	FW	FW	33	山本 大貴
交代要員					
谷口 智紀	4	DF	MF	10	山中 麗央
町田蘭次郎	17	MF	MF	16	森川 裕基
吉馴 空矢	22	MF	MF	18	音泉 翔眞
利根 瑠偉	16	MF	MF	25	安東 輝
今村 優介	9	FW			

得点〔大〕古川(86)
交代〔大〕澁谷(46 利根) 禹(76 町田) 田中(85 今村) 古川(90+2 谷口) 島田(90+2 吉馴) 〔長〕山本(61 音泉) 三田(74 森川) 近藤(74 安東) 船橋(76 山中)
警告〔大〕西矢〔長〕船橋、秋山

第 11 節▶愛鷹広域公園多目的競技場

away 5月28日(日) 14時 kick off
入場者数／2,261人 天候／曇

アスルクラロ沼津	0	前	0	AC長野パルセイロ
1	1	後	0	0

武者 大夢	45	GK	GK	21	金 珉浩
安在 達弥	3	DF	DF	5	池ヶ谷颯斗
藤嵜 智貴	2	DF	DF	3	秋山 拓也
附木 雄也	13	DF	DF	35	佐古 真礼
濱 託巳	88	DF	MF	4	船橋 勇真
菅井 拓也	18	MF	MF	15	宮阪 政樹
徳永晃太郎	14	MF	MF	19	杉井 颯
持井 響太	7	MF	MF	6	西村 恭史
森 夢真	21	FW	MF	8	近藤 貴司
ブラウン ノア 賢信	17	FW	MF	14	三田 尚希
和田 育	27	FW	FW	33	山本 大貴
交代要員					
遠山 悠希	41	MF	DF	7	大野 佑哉
鈴木拳士郎	8	MF	MF	10	山中 麗央
佐藤 尚輝	10	MF	MF	16	森川 裕基
			MF	18	音泉 翔眞
			MF	25	安東 輝

得点〔沼〕安在(68)
交代〔沼〕森(69 鈴木) 徳永(78 遠山) 和田(78 佐藤) 〔長〕近藤(59 森川) 船橋(59 音泉) 山本(70 山中) 三田(78 安東) 佐古(78 大野)
警告〔沼〕森、藤嵜〔長〕池ヶ谷

第17節▶プライフーズスタジアム
away　7月8日(土) 19時 kick off
入場者数／3,063人　天候／晴

ヴァンラーレ八戸 4			前 1-0 / 後 3-0		AC長野パルセイロ 0
谷口　裕介	25	GK	GK	21	金　珉浩
近石　哲平	39	DF	DF	5	池ヶ谷颯斗
山田　尚幸	24	DF	DF	7	大野　佑哉
蓑田　広大	20	DF	DF	19	杉井　颯
相田　勇樹	48	MF	MF	4	船橋　勇真
前澤　甲気	14	MF	MF	15	宮阪　政樹
姫野　宥弥	9	MF	MF	16	森川　裕基
國分　将	32	MF	MF	18	音泉　翔眞
稲積　大介	5	MF	MF	8	近藤　貴司
佐藤　碧	7	FW	MF	17	佐藤　祐太
佐々木　快	11	FW	FW	11	進　昂平
交代要員					
加藤慎太郎	19	DF	MF	6	西村　恭史
妹尾　直哉	17	MF	MF	14	三田　尚希
丹羽　一陽	27	MF	MF	25	安東　輝
山内　陸	30	MF	FW	22	木原　励
			FW	33	山本　大貴

得点〔八〕國分(14) 山田(50) 姫野(53) 稲積(90+3)
交代〔八〕姫野(74 山内) 佐々木(81 妹尾) 佐藤(89 加藤) 國分(89 丹羽)〔長〕宮阪(56 西村) 船橋(62 山本) 杉井(74 安東) 佐藤(74 三田) 進(74 木原)
警告〔長〕大野、音泉

第16節▶長野Uスタジアム
home　7月1日(土) 18時 kick off
入場者数／2,245人　天候／雨

AC長野パルセイロ 0			前 0-2 / 後 0-2		FC今治 4
金　珉浩	21	GK	GK	44	伊藤　元太
池ヶ谷颯斗	5	DF	DF	4	市原　亮太
秋山　拓也	3	DF	DF	5	照山　颯人
佐古　真礼	35	DF	DF	24	下口　稚葉
原田　虹輝	32	MF	DF	9	近藤　高虎
西村　恭史	6	MF	MF	25	楠美　圭史
森川　裕基	16	MF	MF	50	三門　雄大
音泉　翔眞	18	MF	MF	21	安藤　一哉
山本　大貴	33	MF	MF	7	山田　貴文
近藤　貴司	8	MF	FW	6	ドゥドゥ
進　昂平	11	FW	FW	10	マルクス ヴィニシウス
交代要員					
船橋　勇真	4	DF	DF	17	白井　達也
杉井　颯	19	DF	DF	22	上原　拓郎
宮阪　政樹	15	MF	MF	15	武井　成豪
佐藤　祐太	17	MF	MF	19	パク　スビン
髙窪　健人	23	FW	FW	14	中川　風希

得点〔今〕ドゥドゥ(09、22、70)　武井(61)
交代〔長〕佐古(46 杉井) 近藤(61 佐藤) 原田(61 船橋) 秋山(66 宮阪) 山本(71 髙窪)〔今〕楠美(46 武井) マルクス(78 パク) 安藤(78 白井) ドゥドゥ(78 中川) 山田(88 上原)
警告〔長〕秋山、佐藤、髙窪〔今〕楠美、下口、近藤

第15節▶ミクニワールドスタジアム北九州
away　6月24日(土) 18時 kick off
入場者数／3,077人　天候／曇

ギラヴァンツ北九州 1			前 1-0 / 後 0-1		AC長野パルセイロ 1
吉丸　絢梓	1	GK	GK	21	金　珉浩
乾　貴哉	28	DF	DF	5	池ヶ谷颯斗
大石　悠介	33	DF	DF	3	秋山　拓也
本村　武揚	5	DF	DF	19	杉井　颯
村松　航太	6	DF	MF	4	船橋　勇真
池髙　暢希	13	MF	MF	15	宮阪　政樹
岡野　凜平	17	MF	MF	6	西村　恭史
永野　雄大	11	MF	MF	8	近藤　貴司
寻田　凌輔	26	MF	MF	25	安東　輝
野瀬　龍世	41	MF	MF	14	三田　尚希
平原　隆暉	16	FW	FW	11	進　昂平
交代要員					
後藤　大輝	21	GK	DF	35	佐古　真礼
長谷川光基	20	DF	MF	16	森川　裕基
坂本　翔	23	DF	MF	18	音泉　翔眞
高　昇辰	29	FW	MF	32	原田　虹輝
			FW	33	山本　大貴

得点〔北〕野瀬(42)〔長〕山本(86)
交代〔北〕池髙(63 高) 吉丸(75 後藤) 寻田(75 坂本) 乾(83 長谷川)〔長〕杉井(65 佐古) 船橋(65 原田) 宮阪(65 音泉) 三田(65 森川) 安東(74 山本)
警告〔北〕池髙、寻田
備考 北九州 26 寻田凌輔の警告は試合終了後の警告

第21節▶長野Uスタジアム
home　8月6日(日) 18時 kick off
入場者数／2,835人　天候／晴

AC長野パルセイロ 0			前 0-0 / 後 0-3		いわてグルージャ盛岡 3
濵田　太郎	30	GK	GK	1	丹野　研太
高橋　耕平	37	DF	DF	13	石田　崚真
池ヶ谷颯斗	5	DF	DF	5	田代　真一
佐古　真礼	35	DF	DF	6	甲斐健太郎
加藤　弘堅	47	MF	DF	48	新保　海鈴
西村　恭史	6	MF	MF	17	李　栄直
船橋　勇真	4	MF	MF	27	藤村　怜
佐藤　祐太	17	MF	MF	7	和田　昌士
杉井　颯	19	MF	FW	14	南　拓都
近藤　貴司	8	FW	FW	9	ドウグラス オリヴェイラ
三田　尚希	14	FW	FW	80	オタボー ケネス
交代要員					
山中　麗央	10	MF	MF	15	加々美登生
宮阪　政樹	15	MF	MF	29	水野　晃樹
森川　裕基	16	MF	MF	36	松原　亘紀
音泉　翔眞	18	MF	MF	46	中村　充孝
安東　輝	25	MF	FW	22	佐藤　未勇

得点〔盛〕オタボー(56) 藤村(72) 加々美(90+5)
交代〔長〕近藤(63 森川) 西村(70 山中) 佐藤(70 音泉) 佐古(79 宮阪) 三田(79 安東)〔盛〕和田(67 加々美) ドウグラス(67 佐藤) 李(77 松原) オタボー(83 水野) 南(83 中村)
警告〔盛〕オタボー、李、中村

第20節▶長野Uスタジアム
home　7月29日(土) 18時 kick off
入場者数／2,571人　天候／曇

AC長野パルセイロ 1			前 0-0 / 後 1-0		SC相模原 0
濵田　太郎	30	GK	GK	35	東　ジョン
船橋　勇真	4	DF	DF	2	加藤　大育
池ヶ谷颯斗	5	DF	DF	3	水口　湧斗
佐古　真礼	35	DF	DF	4	山下　諒時
杉井　颯	19	DF	DF	8	橋本　陸
高橋　耕平	37	MF	MF	13	吉武　莉央
加藤　弘堅	47	MF	MF	47	岩上　祐三
佐藤　祐太	17	MF	MF	5	綿引　康
安東　輝	25	MF	MF	27	西山　拓実
三田　尚希	14	MF	FW	9	藤沼　拓夢
進　昂平	11	FW	FW	39	瀬沼　優司
交代要員					
西村　恭史	6	MF	MF	11	デューク カルロス
近藤　貴司	8	MF	MF	20	若林　龍
山中　麗央	10	MF	FW	14	安藤　翼
森川　裕基	16	MF			

得点〔長〕加藤(63)
交代〔長〕進(13 西村) 安東(58 近藤) 佐藤(85 森川) 三田(85 山中)〔相〕藤沼(61 デューク) 瀬沼(75 安藤) 加藤(75 若林)
警告〔長〕山中〔相〕西山
備考 58' 警告(C3)長野 吉澤英生(ヘッドコーチ)

第19節▶岐阜メモリアルセンター長良川競技場
away　7月22日(土) 18時 kick off
入場者数／3,813人　天候／晴

FC岐阜 1			前 0-0 / 後 1-1		AC長野パルセイロ 1
茂木　秀	1	GK	GK	30	濵田　太郎
生地　慶充	14	DF	DF	37	高橋　耕平
藤谷　匠	17	DF	DF	5	池ヶ谷颯斗
川上　竜	40	DF	DF	35	佐古　真礼
宇賀神友弥	3	DF	MF	18	音泉　翔眞
北　龍磨	6	MF	MF	17	佐藤　祐太
庄司　悦大	10	MF	MF	6	西村　恭史
横山　智也	27	MF	MF	25	安東　輝
窪田　稜	8	MF	MF	19	杉井　颯
柏木　陽介	42	FW	FW	33	山本　大貴
ンドカ チャールス	45	FW	FW	11	進　昂平
交代要員					
三國 スティビアエブス	41	DF	DF	4	船橋　勇真
久保田和音	16	MF	MF	8	近藤　貴司
村田　透馬	7	FW	MF	14	三田　尚希
藤岡　浩介	11	FW	MF	16	森川　裕基
田中　順也	18	FW	FW	22	木原　励

得点〔岐〕窪田(82)〔長〕三田(89)
交代〔岐〕柏木(60 田中) 横山(60 村田) ンドカ(71 藤岡) 北(75 久保田) 藤谷(75 三國)〔長〕山本(46 近藤) 音泉(55 船橋) 西村(69 三田) 進(79 木原) 安東(79 森川)
警告〔岐〕北

第18節▶長野Uスタジアム
home　7月16日(日) 18時 kick off
入場者数／2,912人　天候／晴

AC長野パルセイロ 2			前 1-1 / 後 1-1		ガイナーレ鳥取 2
金　珉浩	21	GK	GK	21	井岡　海都
池ヶ谷颯斗	5	DF	DF	4	鈴木　順也
大野　佑哉	7	DF	DF	3	増谷　幸祐
秋山　拓也	3	DF	DF	2	飯泉　涼矢
杉井　颯	19	DF	MF	8	田中　恵太
西村　恭史	6	MF	MF	33	長谷川 アーリアジャスール
音泉　翔眞	18	MF	MF	14	普光院　誠
佐藤　祐太	17	MF	MF	6	文　仁柱
安東　輝	25	MF	FW	32	牛之濵　拓
進　昂平	11	FW	FW	19	重松健太郎
山本　大貴	33	FW	FW	18	富樫　佑太
交代要員					
船橋　勇真	4	DF	MF	7	田村　亮介
近藤　貴司	8	MF	MF	10	世瀬　啓人
三田　尚希	14	MF	MF	20	小澤　秀充
森川　裕基	16	MF	FW	13	髙尾　流星
高橋　耕平	37	MF			
髙窪　健人	23	FW			

得点〔長〕安東(13) 船橋(83)〔鳥〕牛之濵(10) 小澤(90+3)
交代〔長〕秋山(32 高橋) 山本(64 三田) 佐藤(71 近藤) 音泉(71 船橋) 杉井(71 森川) 進(80 髙窪)〔鳥〕富樫(71 小澤) 重松(71 髙尾) 牛之濵(71 田村) 文(90+1 世瀬)
警告〔長〕西村、大野〔鳥〕文、田中
備考 試合終了後警告(C3)長野　シュタルフ悠紀(監督) 32' 長野3 秋山拓也→37 高橋耕平は脳振盪の疑いによる交代

第25節▶長野Uスタジアム
home 9月2日(土) 18時 kick off
入場者数／2,646人 天候／曇

AC長野パルセイロ				愛媛FC
	1	前	1	
1	0	後	0	1

金 珉浩	21	GK	GK	36	辻 周吾
大野 佑哉	7	DF	DF	34	木村 卓斗
池ヶ谷颯斗	5	DF	DF	15	大城 蛍
杉井 颯	19	DF	DF	33	小川 大空
高橋 耕平	37	MF	DF	5	前野 貴徳
音泉 翔眞	18	MF	MF	26	深澤 佑太
原田 虹輝	32	MF	MF	14	谷本 駿介
加藤 弘堅	47	MF	MF	7	曽根田 穣
佐藤 祐太	17	MF	MF	6	佐々木 匠
近藤 貴司	8	MF	MF	17	茂木 駿佑
三田 尚希	14	MF	FW	10	松田 力
交代要員					
秋山 拓也	3	DF	DF	37	森下 怜哉
船橋 勇真	4	DF	MF	20	矢田 旭
藤森 亮志	9	MF	MF	38	升掛 友護
山中 麗央	10	MF	FW	9	ベン ダンカン
宮阪 政樹	15	MF	FW	11	深堀 隼平

得点〔長〕佐藤(33)〔愛〕松田(12)
交代〔長〕音泉(70 船橋) 加藤(76 宮阪) 原田(76 秋山) 池ヶ谷(85 藤森) 近藤(85 山中)〔愛〕佐々木(46 ベン) 茂木(76 升掛) 曽根田(76 矢田) 松田(88 深堀) 谷本(90+1 森下)
警告〔愛〕ベン

第24節▶ロートフィールド奈良
away 8月26日(土) 15時 kick off
入場者数／1,262人 天候／晴

奈良クラブ				AC長野パルセイロ
	1	前	0	
2	1	後	0	0

岡田 慎司	15	GK	GK	21	金 珉浩
寺村 浩平	33	DF	DF	5	池ヶ谷颯斗
伊勢 渉	4	DF	DF	3	秋山 拓也
鈴木 大誠	5	DF	DF	35	佐古 真礼
加藤 徹也	11	DF	MF	37	高橋 耕平
堀内 颯人	8	MF	MF	47	加藤 弘堅
桑島 良汰	7	MF	MF	19	杉井 颯
金子 昌広	9	MF	MF	32	原田 虹輝
中島 賢星	14	MF	MF	15	宮阪 政樹
浅川 隼人	29	FW	FW	17	佐藤 祐太
酒井 達磨	19	FW	FW	14	三田 尚希
交代要員					
生駒 稀生	22	DF	DF	7	大野 佑哉
小谷 祐喜	23	DF	MF	6	西村 恭史
山本宗太朗	10	MF	MF	25	安東 輝
可児 壮隆	17	MF	FW	8	近藤 貴司
森 俊介	18	MF	FW	18	音泉 翔眞

得点〔奈〕浅川(40) 酒井(75)
交代〔奈〕桑島(65 山本) 伊勢(65 小谷) 寺村(78 生駒) 中島(78 可児) 加藤(90 森)〔長〕高橋(46 大野) 池ヶ谷(65 音泉) 宮阪(65 安東) 原田(72 近藤) 佐古(84 西村)
警告〔奈〕伊勢、岡田

第23節▶長野Uスタジアム
home 8月19日(土) 19時30分 kick off
入場者数／3,395人 天候／曇

AC長野パルセイロ				FC岐阜
	1	前	2	
1	0	後	3	5

濵田 太郎	30	GK	GK	1	茂木 秀
高橋 耕平	37	DF	DF	14	生地 慶充
大野 佑哉	7	DF	DF	39	遠藤 元一
池ヶ谷颯斗	5	DF	DF	40	川上 竜
船橋 勇真	4	MF	DF	3	宇賀神友弥
加藤 弘堅	47	MF	MF	6	北 龍磨
杉井 颯	19	MF	MF	10	庄司 悦大
安東 輝	25	MF	MF	8	窪田 稜
近藤 貴司	8	FW	MF	7	村田 透馬
森川 裕基	16	FW	FW	11	藤岡 浩介
三田 尚希	14	FW	FW	45	ンドカ チャールス
交代要員					
西村 恭史	6	MF	DF	23	萩野 滉大
藤森 亮志	9	MF	DF	41	三國 スティビアエブス
山中 麗央	10	MF	MF	42	柏木 陽介
宮阪 政樹	15	MF	FW	9	山内 寛史
髙窪 健人	23	FW	FW	48	田口 裕也

得点〔長〕三田(30)〔岐〕藤岡(25、78) 遠藤(32) 村田(67) 山内(83)
交代〔長〕安東(60 藤森) 近藤(60 山中) 森川(60 髙窪) 高橋(69 宮阪) 三田(75 西村)〔岐〕北(69 柏木) ンドカ(69 田口) 藤岡(79 山内) 遠藤(79 三國) 生地(85 萩野)
警告〔長〕船橋〔岐〕川上
備考 雷雨のため90分遅延

第22節▶白波スタジアム
away 8月13日(日) 19時 kick off
入場者数／6,126人 天候／晴

鹿児島ユナイテッドFC				AC長野パルセイロ
	0	前	1	
1	1	後	1	2

松山 健太	13	GK	GK	30	濵田 太郎
星 広太	17	DF	DF	37	高橋 耕平
戸根 一誓	28	DF	DF	7	大野 佑哉
岡本 將成	23	DF	DF	5	池ヶ谷颯斗
薩川 淳貴	5	DF	MF	4	船橋 勇真
木村 祐志	30	MF	MF	47	加藤 弘堅
山口 卓己	27	MF	MF	19	杉井 颯
端戸 仁	25	MF	MF	17	佐藤 祐太
五領 淳樹	11	FW	MF	14	三田 尚希
鈴木 翔大	34	FW	FW	18	音泉 翔眞
米澤 令衣	36	FW	FW	16	森川 裕基
交代要員					
千布 一輝	7	MF	MF	8	近藤 貴司
山本 駿亮	19	FW	MF	9	藤森 亮志
河辺駿太郎	39	FW	MF	15	宮阪 政樹
武 星弥	46	FW	FW	23	髙窪 健人
藤本 憲明	24	FW			

得点〔鹿〕戸根(56)〔長〕佐藤(27) 宮阪(90+5)
交代〔鹿〕木村(71 千布) 五領(71 河辺) 端戸(76 山本) 鈴木(76 藤本) 米澤(87 武)〔長〕音泉(67 近藤) 森川(67 髙窪) 三田(76 藤森) 加藤(90+4 宮阪)
警告〔鹿〕星〔長〕音泉、池ヶ谷、加藤、佐藤

第28節▶長野Uスタジアム
home 9月23日(土) 18時 kick off
入場者数／4,067人 天候／曇

AC長野パルセイロ				カターレ富山
	2	前	0	
3	1	後	1	1

金 珉浩	21	GK	GK	21	田川 知樹
船橋 勇真	4	DF	DF	25	安光 将作
池ヶ谷颯斗	5	DF	DF	5	今瀬 淳也
杉井 颯	19	DF	DF	14	下堂 竜聖
音泉 翔眞	18	MF	DF	19	柳下 大樹
原田 虹輝	32	MF	MF	16	末木 裕也
西村 恭史	6	MF	MF	17	坪川 潤之
森川 裕基	16	MF	MF	47	野口 竜彦
佐藤 祐太	17	MF	MF	7	佐々木陽次
山中 麗央	10	MF	MF	22	椎名 伸志
三田 尚希	14	MF	FW	9	大野 耀平
交代要員					
秋山 拓也	3	DF	DF	3	大畑 隆也
小西 陽向	13	MF	MF	20	大山 武蔵
宮阪 政樹	15	MF	MF	30	アルトゥール シルバ
加藤 弘堅	47	MF	FW	8	松岡 大智
木原 励	22	FW	FW	39	高橋 駿太

得点〔長〕山中(04、22、59)〔富〕アルトゥール(79)
交代〔長〕佐藤(57 小西) 音泉(81 木原) 原田(81 宮阪) 山中(86 加藤) 船橋(86 秋山)〔富〕坪川(46 アルトゥール) 柳下(46 大山) 佐々木(65 高橋) 下堂(65 大畑) 椎名(65 松岡)
警告〔長〕加藤〔富〕野口

第27節▶今治里山スタジアム
away 9月16日(土) 19時 kick off
入場者数／3,835人 天候／晴時々曇

FC今治				AC長野パルセイロ
	2	前	0	
2	0	後	0	0

セランテス	31	GK	GK	21	金 珉浩
櫻内 渚	3	DF	DF	7	大野 佑哉
市原 亮太	4	DF	DF	5	池ヶ谷颯斗
照山 颯人	5	DF	DF	19	杉井 颯
三門 雄大	50	MF	MF	37	高橋 耕平
土肥 航大	33	MF	MF	32	原田 虹輝
山田 貴文	7	MF	MF	6	西村 恭史
近藤 高虎	9	MF	MF	18	音泉 翔眞
マルクス ヴィニシウス	10	FW	MF	17	佐藤 祐太
千葉 寛汰	30	FW	MF	10	山中 麗央
阪野 豊史	99	FW	MF	14	三田 尚希
交代要員					
下口 稚葉	24	DF	DF	3	秋山 拓也
新井 光	18	MF	MF	13	小西 陽向
楠美 圭史	25	MF	MF	15	宮阪 政樹
ラルフ セウントイェンス	11	FW	MF	16	森川 裕基
ヴィニシウス アラウージョ	39	FW	MF	47	加藤 弘堅

得点〔今〕照山(15) マルクスヴィニシウス(45+2)
交代〔今〕山田(60 新井) 千葉(60 ヴィニシウスアラウージョ) 三門(75 楠美) 阪野(81 ラルフ) 櫻内(81 下口)〔長〕高橋(14 秋山) 原田(46 森川) 音泉(66 小西) 西村(79 宮阪) 佐藤(79 加藤)
警告〔今〕楠美
退場〔長〕大野

第26節▶とうほう・みんなのスタジアム
away 9月9日(土) 18時 kick off
入場者数／1,521人 天候／曇

福島ユナイテッドFC				AC長野パルセイロ
	0	前	1	
0	0	後	0	1

山本 海人	22	GK	GK	21	金 珉浩
河西 真	3	DF	DF	7	大野 佑哉
田中 康介	7	DF	DF	5	池ヶ谷颯斗
雪江 悠人	11	DF	DF	19	杉井 颯
鈴 直樹	28	DF	MF	37	高橋 耕平
柴田 徹	55	DF	MF	32	原田 虹輝
大森 博	5	MF	MF	6	西村 恭史
宮崎 智彦	13	MF	MF	18	音泉 翔眞
上畑佑平士	41	MF	MF	17	佐藤 祐太
澤上 竜二	9	FW	MF	8	近藤 貴司
塩浜 遼	39	FW	MF	14	三田 尚希
交代要員					
吉永 大志	8	MF	DF	3	秋山 拓也
森 晃太	10	MF	DF	4	船橋 勇真
古林 将太	50	MF	MF	10	山中 麗央
長野 星輝	25	FW	MF	15	宮阪 政樹
樋口 寛規	40	FW	MF	16	森川 裕基

得点〔長〕佐藤(15)
交代〔福〕雪江(52 森) 塩浜(69 長野) 宮崎(88 吉永) 澤上(88 樋口) 柴田(88 古林)〔長〕近藤(41 森川) 音泉(65 船橋) 原田(65 宮阪) 佐藤(88 山中) 西村(88 秋山)
警告〔福〕長野〔長〕西村、宮阪、森川

第31節▶サンプロ アルウィン

away 10月15日(日) 13時 kick off
入場者数／12,457人 天候／曇のち晴時々雨

松本山雅FC	0	前	0	AC長野パルセイロ
1	1	後	0	0

村山 智彦	16	GK	GK	21	金 珉浩
藤谷 壮	48	DF	DF	37	高橋 耕平
野々村鷹人	44	DF	DF	7	大野 佑哉
常田 克人	43	DF	DF	5	池ヶ谷颯斗
山本 龍平	41	DF	DF	19	杉井 颯
安永 玲央	46	MF	MF	18	音泉 翔眞
米原 秀亮	32	MF	MF	32	原田 虹輝
村越 凱光	29	FW	MF	6	西村 恭史
菊井 悠介	15	FW	MF	14	三田 尚希
小松 蓮	19	FW	MF	10	山中 麗央
山口 一真	6	FW	MF	16	森川 裕基
交代要員					
橋内 優也	13	DF	DF	4	船橋 勇真
下川 陽太	8	MF	MF	13	小西 陽向
住田 将	36	MF	MF	15	宮阪 政樹
野澤 零温	18	FW	MF	47	加藤 弘堅
渡邉 千真	49	FW	FW	33	山本 大貴

得点〔松〕野澤(86)
交代〔松〕村越(71 野澤) 山本(80 下川) 山口(80 渡邉) 米原(89 住田) 藤谷(89 橋内) 〔長〕高橋(71 山本) 音泉(77 船橋) 西村(89 宮阪) 山中(89 加藤) 杉井(89 小西)
警告〔松〕米原

第30節▶長野Uスタジアム

home 10月8日(日) 14時 kick off
入場者数／2,906人 天候／雲

AC長野パルセイロ	1	前	0	ヴァンラーレ八戸
1	0	後	1	1

金 珉浩	21	GK	GK	25	谷口 裕介
高橋 耕平	37	DF	DF	19	加藤慎太郎
池ヶ谷颯斗	5	DF	DF	39	近石 哲平
杉井 颯	19	DF	DF	20	蓑田 広大
音泉 翔眞	18	MF	MF	24	山田 尚幸
原田 虹輝	32	MF	MF	30	山内 陸
西村 恭史	6	MF	MF	48	相田 勇樹
森川 裕基	16	MF	MF	14	前澤 甲気
丹羽 匠	28	MF	MF	5	稲積 大介
山中 麗央	10	MF	FW	7	佐藤 碧
三田 尚希	14	MF	FW	90	オリオラ サンデー
交代要員					
船橋 勇真	4	DF	MF	9	姫野 宥弥
大野 佑哉	7	DF	MF	17	妹尾 直哉
小西 陽向	13	MF	MF	22	渡邊 龍
加藤 弘堅	47	MF			
山本 大貴	33	FW			

得点〔長〕西村(24) 〔八〕サンデー(56)
交代〔長〕丹羽(60 小西) 原田(74 大野) 音泉(74 加藤) 山中(81 山本) 高橋(81 船橋) 〔八〕佐藤(74 妹尾) 山田(83 姫野) 山内(87 渡邊)
警告〔八〕山田

第29節▶タピック県総ひやごんスタジアム

away 9月30日(土) 18時30分 kick off
入場者数／1,994人 天候／晴

FC琉球	0	前	0	AC長野パルセイロ
2	2	後	2	2

田口 潤人	26	GK	GK	21	金 珉浩
柳 貴博	99	DF	DF	4	船橋 勇真
上原 牧人	22	DF	DF	5	池ヶ谷颯斗
牟田 雄祐	4	DF	DF	19	杉井 颯
福村 貴幸	2	DF	MF	18	音泉 翔眞
中野 克哉	11	MF	MF	32	原田 虹輝
岡澤 昂星	6	MF	MF	6	西村 恭史
平松 昇	18	MF	MF	16	森川 裕基
清武 功暉	8	MF	MF	13	小西 陽向
ケルヴィン	34	FW	MF	10	山中 麗央
阿部 拓馬	16	FW	MF	14	三田 尚希
交代要員					
富所 悠	10	MF	DF	7	大野 佑哉
白井 陽斗	7	FW	MF	15	宮阪 政樹
野田隆之介	9	FW	MF	25	安東 輝
金崎 夢生	44	FW	MF	37	高橋 耕平
			FW	22	木原 励

得点〔琉〕福村(77) 柳(90+4) 〔長〕音泉(69) 三田(81)
交代〔琉〕阿部(63 金崎) 清武(63 白井) ケルヴィン(68 野田) 岡澤(68 富所) 〔長〕小西(61 高橋) 山中(80 大野) 音泉(80 宮阪) 原田(88 安東) 船橋(88 木原)
警告〔琉〕中野、岡澤、福村 〔長〕杉井

第35節▶Axisバードスタジアム

away 11月12日(日) 13時 kick off
入場者数／1,190人 天候／曇

ガイナーレ鳥取	2	前	1	AC長野パルセイロ
2	0	後	2	3

糸原紘史郎	1	GK	GK	21	金 珉浩
田中 恵太	8	DF	DF	4	船橋 勇真
増谷 幸祐	3	DF	DF	5	池ヶ谷颯斗
鈴木 順也	4	DF	DF	37	高橋 耕平
文 仁柱	6	DF	DF	19	杉井 颯
世瀬 啓人	10	MF	MF	32	原田 虹輝
普光院 誠	14	MF	MF	47	加藤 弘堅
田村 亮介	7	MF	MF	13	小西 陽向
東條 敦輝	17	MF	MF	14	三田 尚希
牛之濵 拓	32	MF	MF	8	近藤 貴司
重松健太郎	19	FW	FW	33	山本 大貴
交代要員					
飯泉 涼矢	2	DF	MF	10	山中 麗央
小澤 秀充	20	MF	MF	15	宮阪 政樹
長谷川 アーリアジャスール	33	MF	MF	18	音泉 翔眞
髙尾 流星	13	FW	FW	11	進 昂平
吉井 佑将	36	FW			

得点〔鳥〕東條(36) 田村(42) 〔長〕近藤(07、87) 小西(47)
交代〔鳥〕東條(66 小澤) 重松(77 髙尾) 牛之濵(77 吉井) 田村(77 長谷川) 普光院(90 飯泉) 〔長〕山本(59 進) 原田(66 宮阪) 小西(79 音泉) 加藤(79 山中)
警告〔鳥〕文、普光院、田中 〔長〕山本、加藤

第34節▶Pikaraスタジアム

away 11月5日(日) 14時 kick off
入場者数／2,035人 天候／晴

カマタマーレ讃岐	2	前	1	AC長野パルセイロ
2	0	後	2	3

今村 勇介	1	GK	GK	21	金 珉浩
川﨑 一輝	10	DF	DF	4	船橋 勇真
宗近 慧	3	DF	DF	5	池ヶ谷颯斗
奈良坂 巧	2	DF	DF	19	杉井 颯
奥田 雄大	16	DF	MF	18	音泉 翔眞
下川 太陽	20	MF	MF	6	西村 恭史
江口 直生	7	MF	MF	47	加藤 弘堅
長谷川 隼	6	MF	MF	16	森川 裕基
吉田源太郎	11	MF	MF	14	三田 尚希
川西 翔太	48	FW	MF	8	近藤 貴司
冨永 虹七	35	FW	FW	33	山本 大貴
交代要員					
竹村 俊二	4	MF	DF	3	秋山 拓也
高橋 尚紀	9	MF	MF	15	宮阪 政樹
岩岸 宗志	23	FW	MF	32	原田 虹輝
小山 聖也	26	FW	MF	37	高橋 耕平
			FW	11	進 昂平

得点〔讃〕冨永(25、39) 〔長〕三田(45+3、48) 近藤(68)
交代〔讃〕冨永(53 岩岸) 下川(53 高橋) 長谷川(79 竹村) 川西(86 小山) 〔長〕音泉(46 高橋) 森川(46 宮阪) 西村(64 原田) 近藤(89 秋山) 加藤(90+3 進)
警告〔讃〕江口、長谷川〔長〕西村

第33節▶長野Uスタジアム

home 10月29日(日) 14時 kick off
入場者数／4,162人 天候／曇

AC長野パルセイロ	2	前	0	アスルクラロ沼津
3	1	後	0	0

金 珉浩	21	GK	GK	50	渡辺 健太
船橋 勇真	4	DF	DF	3	安在 達弥
池ヶ谷颯斗	5	DF	DF	88	濱 託巳
杉井 颯	19	DF	DF	13	附木 雄也
音泉 翔眞	18	MF	DF	4	大迫 暁
西村 恭史	6	MF	MF	18	菅井 拓也
加藤 弘堅	47	MF	MF	14	徳永晃太郎
森川 裕基	16	MF	MF	7	持井 響太
三田 尚希	14	MF	FW	23	津久井匠海
近藤 貴司	8	MF	FW	17	ブラウン ノア 賢信
山本 大貴	33	FW	FW	8	鈴木拳士郎
交代要員					
秋山 拓也	3	DF	DF	28	井上 航希
藤森 亮志	9	MF	MF	10	佐藤 尚輝
山中 麗央	10	MF	MF	21	森 夢真
丹羽 匠	28	MF	FW	27	和田 育
高橋 耕平	37	MF	FW	47	安藤阿雄依

得点〔長〕船橋(12) 山本(35) 高橋(90+3)
交代〔長〕山本(81 山中) 近藤(87 秋山) 音泉(87 高橋) 加藤(90+5 丹羽) 西村(90+5 藤森) 〔沼〕津久井(68 森) 鈴木(68 安藤) ブラウン(83 和田) 徳永(83 佐藤) 大迫(87 井上)
警告〔長〕近藤、音泉、加藤 〔沼〕濱、鈴木、佐藤

第32節▶長野Uスタジアム

home 10月22日(日) 13時 kick off
入場者数／2,622人 天候／晴

AC長野パルセイロ	0	前	0	FC大阪
0	0	後	2	2

金 珉浩	21	GK	GK	1	永井 建成
池ヶ谷颯斗	5	DF	DF	2	美馬 和也
大野 佑哉	7	DF	DF	26	板倉 洸
秋山 拓也	3	DF	DF	3	齊藤 隆成
音泉 翔眞	18	MF	DF	6	舘野 俊祐
宮阪 政樹	15	MF	MF	33	禹 相皓
加藤 弘堅	47	MF	MF	44	小松 駿太
森川 裕基	16	MF	MF	14	田中 直基
三田 尚希	14	MF	MF	16	利根 瑠偉
近藤 貴司	8	MF	FW	28	古川 大悟
山中 麗央	10	MF	FW	32	島田 拓海
交代要員					
杉井 颯	19	DF	DF	4	谷口 智紀
西村 恭史	6	MF	DF	46	浜崎 拓磨
藤森 亮志	9	MF	MF	77	松浦 拓弥
原田 虹輝	32	MF	MF	7	木匠 貴大
高橋 耕平	37	MF	FW	9	今村 優介

得点〔大〕舘野(47) 木匠(65)
交代〔長〕近藤(46 原田) 池ヶ谷(70 杉井) 音泉(70 高橋) 宮阪(70 西村) 大野(79 藤森) 〔大〕島田(63 木匠) 小松(73 谷口) 利根(73 今村) 田中(87 浜崎) 古川(87 松浦)
警告〔長〕大野〔大〕齊藤

第38節▶長野Uスタジアム

home　12月2日（日）14時 kick off
入場者数／2,826人　天候／晴

AC長野パルセイロ 2	0	前	1	テゲバジャーロ宮崎 2
	2	後	1	

金　珉浩	21	GK	GK	99	植田　峻佑
高橋　耕平	37	DF	DF	17	小川　真輝
大野　佑哉	7	DF	DF	3	代　健司
杉井　颯	19	DF	DF	26	藤武　剛
藤森　亮志	9	MF	DF	5	北村　椋太
加藤　弘堅	47	MF	MF	14	江口　稜馬
安東　輝	25	MF	MF	10	下澤　悠太
小西　陽向	13	MF	MF	42	南野　遥海
三田　尚希	14	MF	MF	8	東出　壮太
近藤　貴司	8	MF	MF	80	永田　一真
山本　大貴	33	FW	FW	18	山崎　亮平
交代要員					
秋山　拓也	3	DF	MF	15	内薗　大貴
佐古　真礼	35	DF	FW	7	青戸　翔
山中　麗央	10	MF	FW	11	橋本　啓吾
宮阪　政樹	15	MF	FW	20	松本　幹太
佐藤　祐太	17	MF	FW	25	髙橋　一輝

得点〔長〕高橋(56) 山本(66) 〔宮〕南野(27) 山崎(73)
交代〔長〕藤森(46 宮阪) 安東(67 佐藤) 小西(79 秋山) 近藤(88 山中) 大野(88 佐古) 〔宮〕東出(63 橋本) 江口(77 内薗) 南野(88 髙橋) 永田(88 青戸) 下澤(88 松本)
警告〔長〕山本 〔宮〕代、東出

第37節▶ニッパツ三ツ沢球技場

away　11月26日（日）13時 kick off
入場者数／2,387人　天候／曇

Y.S.C.C.横浜 1	0	前	0	AC長野パルセイロ 1
	1	後	1	

児玉　潤	16	GK	GK	21	金　珉浩
冨士田康人	48	DF	DF	4	船橋　勇真
二階堂正哉	27	DF	DF	5	池ヶ谷颯斗
藤原　拓也	3	DF	DF	19	杉井　颯
古賀俊太郎	46	MF	MF	9	藤森　亮志
小島　秀仁	30	MF	MF	47	加藤　弘堅
中里　崇宏	50	MF	MF	25	安東　輝
松村　航希	32	FW	MF	13	小西　陽向
佐藤　大樹	47	FW	MF	14	三田　尚希
カルロス アローヨ	55	FW	MF	8	近藤　貴司
萱沼　優聖	9	FW	FW	33	山本　大貴
交代要員					
大嶋　春樹	15	DF	MF	6	西村　恭史
山本凌太郎	10	MF	MF	17	佐藤　祐太
橋本　陸斗	40	MF	MF	37	高橋　耕平
ロリス ティネッリ	49	MF	FW	11	進　昂平
ピーダーセン 世穏	11	FW	FW	23	髙窪　健人

得点〔横〕萱沼(90+1) 〔長〕船橋(70)
交代〔横〕藤原(32 大嶋) 古賀(64 山本) カルロス(64 ロリス) 冨士田(80 橋本) 松村(80 ピーダーセン) 〔長〕山本(64 進) 安東(64 西村) 近藤(78 佐藤) 藤森(78 高橋) 加藤(89 髙窪)
警告〔横〕ロリス 〔長〕杉井、船橋2、藤森
退場〔長〕船橋

第36節▶長野Uスタジアム

home　11月19日（日）14時 kick off
入場者数／3,064人　天候／晴

AC長野パルセイロ 2	2	前	1	ギラヴァンツ北九州 2
	0	後	1	

金　珉浩	21	GK	GK	1	吉丸　絢梓
船橋　勇真	4	DF	DF	5	本村　武揚
池ヶ谷颯斗	5	DF	DF	6	村松　航太
高橋　耕平	37	DF	DF	20	長谷川光基
杉井　颯	19	DF	DF	28	乾　貴哉
原田　虹輝	32	MF	MF	10	岡田　優希
西村　恭史	6	MF	MF	15	若谷　拓海
小西　陽向	13	MF	MF	16	平原　隆暉
三田　尚希	14	MF	MF	31	エ　ボ　コ
近藤　貴司	8	MF	FW	17	岡野　凜平
山本　大貴	33	FW	FW	29	高　昇辰
交代要員					
佐古　真礼	35	DF	DF	26	夛田　凌輔
山中　麗央	10	MF	DF	46	ミケル アグ
宮阪　政樹	15	MF	MF	11	永野　雄大
音泉　翔眞	18	MF	MF	18	中山　雄希
進　昂平	11	FW	FW	8	前川　大河

得点〔長〕山本(07) 近藤(33) 〔北〕高(40) 前川(52)
交代〔長〕原田(59 宮阪) 西村(70 進) 山本(78 山中) 小西(78 音泉) 高橋(78 佐古) 〔北〕岡野(46 前川) エボコ(46 中山) 岡田(83 永野) 若谷(90 夛田) 長谷川(90+3 ミケル)
警告〔長〕船橋 〔北〕長谷川

天皇杯 JFA 第103回全日本サッカー選手権大会 2回戦　▶ノエビアスタジアム神戸

6月14日（水）19時 kick off
入場者数／3,332人　天候／曇

ヴィッセル神戸（J1） 3	2	前	1	AC長野パルセイロ（長野県代表） 1
	1	後	0	

前川　黛也	1	GK	GK	21	金　珉浩
尾崎　優成	34	DF	DF	7	大野　佑哉
大﨑　玲央	25	DF	DF	35	佐古　真礼
本多　勇喜	15	DF	DF	19	杉井　颯
初瀬　亮	19	DF	MF	37	高橋　耕平
セルジ・サンペール	6	MF	MF	32	原田　虹輝
齊藤　未月	16	MF	MF	6	西村　恭史
佐々木大樹	22	MF	MF	8	近藤　貴司
汰木　康也	14	MF	MF	18	音泉　翔眞
ジェアン・パトリッキ	26	FW	MF	25	安東　輝
リンコン	29	FW	FW	23	髙窪　健人
交代要員					
高橋　祥平	41	DF	MF	9	藤森　亮志
扇原　貴宏	33	MF	MF	10	山中　麗央
大迫　勇也	10	FW	MF	28	丹羽　匠
武藤　嘉紀	11	FW	FW	11	進　昂平
川﨑　修平	21	FW	FW	22	木原　励

得点〔神〕リンコン(12、29) 汰木(64) 〔長〕西村(45+1)
交代〔神〕ジェアン(59 武藤) リンコン(59 大迫) 佐々木(82 川﨑) 尾崎(88 高橋) 齊藤(88 扇原) 〔長〕髙窪(64 木原) 杉井(73 藤森) 西村(73 丹羽) 近藤(73 進) 音泉(73 山中)
警告〔神〕本多、齊藤、高橋 〔長〕杉井

天皇杯 JFA 第103回全日本サッカー選手権大会 1回戦　▶サンプロ アルウィン

5月20日（土）13時 kick off
入場者数／871人　天候／晴

AC長野パルセイロ（長野県代表） 2	1	前	0	AS.Laranja Kyoto（京都府代表） 0
	1	後	0	

金　珉浩	21	GK	GK	1	大野　将弥
池ヶ谷颯斗	5	DF	DF	6	飯塚　稔也
大野　佑哉	7	DF	DF	5	忠政　慶之
秋山　拓也	3	DF	DF	13	奥田　颯太
船橋　勇真	4	MF	DF	4	中留　諒
宮阪　政樹	15	MF	MF	2	高橋　周也
杉井　颯	19	MF	MF	24	石橋　亘
西村　恭史	6	MF	MF	23	山田　鷹也
近藤　貴司	8	MF	MF	14	山中　宏基
三田　尚希	14	MF	FW	11	青島　賛
山本　大貴	33	FW	FW	9	磯部　隼也
交代要員					
山中　麗央	10	MF	DF	7	福永　和生
森川　裕基	16	MF	MF	28	平野　守惟
音泉　翔眞	18	MF	FW	19	西山　直輝
安東　輝	25	MF			
原田　虹輝	32	MF			

得点〔長〕山本(22) 西村(82)
交代〔長〕船橋(61 原田) 宮阪(61 森川) 近藤(61 安東) 三田(61 音泉) 山本(77 山中) 〔京〕中留(74 福永) 山田(85 西山) 石橋(88 平野)
警告〔京〕磯部

第28回長野県サッカー選手権大会 決勝 ▶サンプロ アルウィン

5月7日（日）14時 kick off
入場者数／3,162人　天候／雨

AC長野パルセイロ 1	0	前	0	松本山雅FC 1
	1	後	1	
延長				
	0	前	0	
	0	後	0	
	5	PK	4	

金　珉浩	21	GK	GK	21	ビクトル
大野　佑哉	7	DF	DF	13	橋内　優也
杉井　颯	19	DF	DF	43	常田　克人
西村　恭史	6	MF	DF	44	野々村鷹人
藤森　亮志	9	MF	MF	4	安東　輝
三田　尚希	14	MF	MF	29	村越　凱光
佐藤　祐太	17	MF	MF	32	米原　秀亮
原田　虹輝	32	MF	MF	41	山本　龍平
高橋　耕平	37	MF	FW	15	菊井　悠介
山中　麗央	10	FW	FW	19	小松　蓮
森川　裕基	16	FW	FW	23	滝　裕太
交代要員					
船橋　勇真	4	DF	MF	11	喜山　康平
佐古　真礼	35	DF	MF	14	パウリーニョ
近藤　貴司	8	MF	MF	30	國分　龍司
音泉　翔眞	18	MF	MF	34	稲福　卓
安東　輝	25	MF	FW	25	榎本　樹
髙窪　健人	23	FW	FW	42	田中　想来

得点〔長〕近藤(65) 〔松〕野々村(68)
交代〔長〕森川(HT 佐古) 藤森(58 音泉) 山中(58 近藤) 原田(73 船橋) 三田(84 安東) 高橋(100 髙窪) 〔松〕村越(61 國分) 滝(61 榎本) 安東(77 パウリーニョ) 米原(83 喜山) 山本(延長前半開始前 稲福) 榎本(延長前半開始前 田中)
警告〔長〕藤森、高橋、安東、船橋 〔松〕山本

第28回長野県サッカー選手権大会 準決勝 ▶サンプロ アルウィン

4月23日（日）13時 kick off
入場者数／1,604人　天候／晴

AC長野パルセイロ 3	2	前	0	松本大学 0
	1	後	0	

金　珉浩	21	GK	GK	1	石見凛太郎
池ヶ谷颯斗	5	DF	DF	2	芹沢　翼
大野　佑哉	7	DF	DF	4	瀧澤　大輔
杉井　颯	19	DF	DF	5	北野　大和
佐古　真礼	35	DF	DF	26	木村　幸太
西村　恭史	6	MF	MF	8	早河　恭哉
近藤　貴司	8	MF	MF	17	上村　陸
音泉　翔眞	18	MF	MF	24	原　恵
安東　輝	25	MF	FW	9	宮入　寛大
原田　虹輝	32	MF	FW	10	木間皓太郎
髙窪　健人	23	FW	FW	11	村上　慧斗
交代要員					
船橋　勇真	4	DF	DF	3	柳原　渓翔
藤森　亮志	9	MF	MF	7	浅田　琉星
山中　麗央	10	MF	MF	19	臼井　太夢
小西　陽向	13	MF	FW	13	鈴木　大和
山本　大貴	33	FW	FW	25	田畑　葵

得点〔長〕安東(2) 西村(30) 佐古(64)
交代〔長〕杉井(HT 藤森) 音泉(HT 山中) 西村(65 船橋) 近藤(65 小西) 髙窪(76 山本) 〔松大〕芹沢(58 柳原) 木村(58 田畑) 早河(69 浅田) 原(69 鈴木) 宮入(83 臼井)

AC長野パルセイロ 公式グラフ2023

2023年12月25日　初版発行

編　者　信濃毎日新聞社

発　行　信濃毎日新聞社
〒380-8546　長野市南県町657
メディア局 出版部　TEL026-236-3377
マーケティング局
地域スポーツ推進部　026-236-3385
営業部　026-236-3333

印刷製本　株式会社日商印刷

定　価　本体1200円＋税

乱丁・落丁は送料弊社負担でお取り替えします。
ISBN978-4-7840-7430-3 C0075

取　材　信濃毎日新聞社 編集局 / マーケティング局地域スポーツ推進部
協　力　株式会社長野パルセイロ・アスレチッククラブ
ブックデザイン　酒井隆志 / 髙﨑伸也
編　集　信濃毎日新聞社メディア局出版部
写真提供　塚田裕文
Jリーグ
東奥日報社／福島民報社／北日本新聞社
岐阜新聞社／新日本海新聞社／四国新聞社
愛媛新聞社／南日本新聞社／琉球新報社

＊記事中の年月にかかわる表記、人物の年齢・肩書・所属先、成績・記録等は、各試合や取材、新聞掲載当時のものです。